上達の技法

野村克也

日本実業出版社

はじめに

「失敗と書いて成長と読む」

これは、私が若かりし頃に得た教訓から生まれた言葉である。失敗がなければ人は成長もしなければ上達もしない。何でもうまくこなそうとするよりも、「ダメでもともと」の精神で壁にぶつかっていくことで、「上達」の礎となる知恵や教訓を得ることができるのだ。

本書の中で詳しく述べるが、私が監督をしていた時は、ほぼ毎日1時間程度のミーティングをしていた。

ミーティングでは、チームの戦術やフォーメーションといったものを選手たちに確認することを行なっていたが、それよりも選手たちの人間性、社会性を高めるために人生論や社会哲学のような話をすることが多かった。

なぜ私が選手たちに「人としてどう生きるか」というような話をしていたのかと言

えば、人としての成長が野球の上達につながり、その人間性がプレーに出ることを実体験から理解していたからである。

京都の片田舎の高校球児だった私が、南海ホークスの入団テストを受け、運よく合格できたのが１９５４年のことだ。

一軍入りを果たすには、下手くそな私は遮二無二練習するしかなかった。しかし、ただ闇雲に努力を続けるだけでは成果は出ない。そのことがわかっていなかったため、プロ入り当初失敗に失敗を重ね続けた。

才能や技術、体力には選手それぞれに優劣がある。しかし、そういった優劣による差は、普段の練習に取り組む姿勢や知恵を絞ることで克服していけるのだ。

この世で暮らす人間には平等に、１日24時間という時間が与えられている。だが、寝る間も惜しんで努力を続ければ、誰もが目覚ましく上達するのかと言えば決してそんなことはない。また、同じくらいの才能の人が同じ時間努力をしたとしても、上達の度合いや結果は違ってくる。実はこの差異にこそ、上達、成長の手がかりが隠されている。

時間をいかに使い、効率よく課題に立ち向かっていくか？

そもそも、どういう努力をしていけばいいのか？

何の才能もなく、ただ不器用なだけだった私がプロの世界でそれなりに生きてこられたのは、他の人たちよりちょっとだけ「上達のコツ」をつかんでいたからである。

そしてそのコツをつかんだからこそ、私は心技体をバランスよく、効率的にレベルアップしていくことができたのだ。

「『無形の力』は『有形の力』に勝る」

この言葉によって、私は上達のコツを自分のものにしようと努力した。「無形の力」とは、観察力、洞察力、判断力、決断力、記憶、そしてデータを収集・分析して活用する力のことである。これは技術力、体力などの「有形の力」と異なり限界がない。磨けば磨くほど研ぎ澄まされ、大きく育ち、それは強者を倒すための武器となるのだ。本書でもこの考えを伝えていきたい。

それでは、私が失敗を重ねながら積み重ねてきた「上達の技法」を、みなさんにご説明していくとしよう。

上達の技法　目次

第1章 上達の条件

第2章 弱点こそ上達の原動力になる

第3章 上達するための武器を磨け

第4章　上達するための自己管理術

第5章 上達を導くリーダーのあり方

第6章 上達を導く教えの秘訣

最終章　日本プロ野球界に、私が最後に伝えたいこと

◎揮毫　野村克也
◎協力　ＫＤＮスポーツジャパン
◎編集プロデュース　髙木真明
◎構成　萩原晴一郎
◎カバーデザイン　井上新八
◎本文デザイン　浅井寛子

第1章
上達の条件

上達するためには、技術と体力だけでは限界がある

ドラフトを経て、毎年多くの有望選手がプロ入りを果たしている。ドラフト上位の選手はプロ入り直後はマスコミからも大いに注目されるが、その選手たちすべてがプロの世界で通用するわけではない。あるいは、私のように二軍で人の2倍、3倍の努力をしたとしても、必ず一軍に上がれるとも限らない。プロの世界は、かように厳しいものなのだ。

だが、一軍になかなか上がれないからといって、「俺の力はこの程度なんだ」とあきらめてしまったらすべてが終わってしまう。

私はテスト生として南海ホークスに入団し、プロのレベルの高さを目の当たりにし

た。「とんでもない世界に来てしまった」と当初は思ったものだが、そこで絶望することなく、「誰よりも練習して一軍レベルの選手たちに追いつくしかない」と気持ちを切り替え、日々努力を続けた。

だが、プロ入り1、2年目は二軍でくすぶったままの状態にあり、どんなに技術力、体力をつけたとしても、それだけではプロの世界で生きていけないことを知った。

「なぜ、これほど練習しても一軍に上がれないのだ？」

私はこの時、一度自分の限界を知った。だが、**限界を知ることで「だったら違うやり方もしていかなければいけないのでは？」という思いに至り、「頭」を使って野球をすることの重要性に気づくことができた。**

私は技術的、体力的な限界を「考える野球」を取り入れることで超えようと思った。そしてその結果、プロ入り3年目に一軍に定着し、4年目には運よくホームラン王にもなれた。

その道で勝負していこうと思うのなら、どんなに絶望しても決して歩みを止めてはならない。限界を感じてからが本当の勝負であり、限界を超えた先にあるのがプロの世界なのだ。

私が限界を感じてから考え方を変えたように、限界を超えるには自ら変わっていこうとすることが重要だ。

自分がそれまで続けてきた考え方、やり方を改めていくのは勇気がいるし、なかなか骨の折れる作業でもある。でも、私が躊躇なく自分を変えることができたのは、「どんなことをしてでも、プロの世界で絶対に成功するんだ」という貪欲さがあったからに他ならない。

プロ意識を持っている人は、すべての物事に貪欲に取り組めるはずだ。そう考えると、この「貪欲さ」こそが、真のプロ意識と呼べるものなのかもしれない。

己の力不足を痛感し、現実の世界に打ちのめされ、そこで歩みを止めてしまうのか、それとも「なにくそ」と立ち上がるのか。人は限界を知ることで己を知り、己を知るから正しい努力ができる。

本気で生きていれば、誰でも一度や二度は己の限界を感じる時がある。そこであきらめてしまうのか、それともたゆまない努力を続けていこうとするのか。一流と二流の違いはそこにある。

限界を感じてからが本当の勝負。
人は限界を知ることで己を知り、
己を知るから正しい努力ができる

頭と目を使え

秀でた能力もなく、しかも不器用だった私は、プロ野球界の第一線に居続けるためには、練習で技術と体力をつけるだけでなく、「考える野球」をしていく必要があると思い至った。

私が三冠王を獲り、9度のホームラン王、7度の打点王になることができたのは、当時のプロ野球界に「考えて野球をする選手」が少なかったからである（残念ながらその状況は今もあまり変わらないが……）。

もし、あの頃のプロ野球が「考えて野球をする選手」ばかりだったら、たいした才能もなく、ただ不器用なだけだった私は、あっという間にプロ野球界を去ることになっていたに違いない。

二流、三流の指導者は、「練習をすればうまくなる。下手なのは練習をしないからだ！」と言う。

でも、本当にそうだろうか？

私のように不器用な選手は、ただ闇雲に練習をしても、いい結果に辿り着くことはない。練習をするのは最低限の条件であり、そこから自分を向上させていくためには、次のように「考えた取り組み」をしていかなければならない。

その①　「自分には何が足りないのか？」を考える

↓

その②　「その①を補うには何が必要なのか？」を考える

↓

その③　「その②を習得するためにはどうしていかなければならないのか？」を考える

不器用な人間には、不器用な人間なりの生き方がある。私はそれを肌で実感し、実践してきたから断言できる。
「考える人」は「考えない人」に最終的には勝利する。上達の上昇カーブの角度を上げるためには、考える力をつけ、努力と創意工夫を重ねていくことがもっとも大切なのだ。

不器用だった私がプロ野球の第一線で活躍できたのは、考える力をつけ、努力と創意工夫を重ね続けたからである

ライオンズ・辻監督が結果を出す理由

野球は「間」の多いスポーツである。球技の中でこれだけ「間」のあるスポーツは他にない。そしてこの「間」を上手に使い、考えながら野球のできる人間が最後には勝つ。

2019年、パ・リーグの覇者となったのは埼玉西武ライオンズである。その後、クライマックスシリーズで勝ち上がった福岡ソフトバンクホークスが日本シリーズ3連覇という偉業を成し遂げたため、すっかり影に隠れてしまったが、ライオンズもリーグ2連覇と立派な成績を残しているのだ。

ライオンズは、リーグ随一の強力打線を武器にリーグ連覇を達成した。俊足巧打の秋山翔吾《しょうご》、金子侑司《ゆうじ》が出塁すれば、その後には森友哉《ともや》、山川穂高《ほだか》、中村剛也《たけや》らが揃う超重量級打線が待ち受ける。2019年のシーズンでは秋山が最多安打、金子が盗塁王、森が首位打者、山川が本塁打王（2年連続）、中村が打点王を記録しており、相手ピッチャーからしてみれば、これほどまでに隙のない打線を相手にするのは相当に厄介なことだったに違いない。

しかし、強力な打線があったとはいえ、ライオンズの投手陣は防御率が高く、駒不足の感が否めなかった。そんな手薄な投手陣をうまくやりくりしながらリーグ2連覇を成し遂げたのは、指揮官である辻発彦《つじはつひこ》の力量に負うところが大きいと思う。

辻と私は、1996年から1998年までの3シーズンを東京ヤクルトスワローズでともにすごした。

ライオンズを退団し、スワローズに辻がやって来たのは彼が37歳の時だった。ライオンズは辻にコーチ就任を打診したが、彼は現役続行を希望した。

リーグこそ違えど、日本シリーズではライオンズと度重なる死闘を演じていたから、辻の実力は当然知っていた。彼は当時の球界でも数少ない「考えて野球をする」タイプの選手だった。「こんな選手がうちのチームにもいれば」と何度思ったことか。

身体的な動きがピークを越えていたとしても、彼の頭脳があればまだまだ野球ができる。さらに、彼ほどの経験を積んだ選手はそうそういないから、生きた教本として他の選手たちにいい影響を与えてくれるはずだ。私はそう考え、辻が自由契約になったと知るや否や、すぐに獲得に動いたのである。

辻は広岡達朗《ひろおかたつお》監督の下で野球の基礎を学び、森祇晶《まさあき》（昌彦）監督の下で自らの生きる道を究めた、今や数少ない「職人気質」の考えるプロ野球選手と言っていい。私の狙い通り、彼はチーム内に非常にいい影響を与えてくれた。辻はそんな考える野球のできる、私好みの選手だった。

これまでに多くのベテラン選手に出会い、再生させてきたが、辻はその経験から、自分が周囲に与える影響も意識、実行してくれ、チームの土台作りにも多いに貢献してくれたように思う。

「自分が生きていくためには何をすればいいのか？」、それを考えることのできる人が、伸びていくのだ。

「考える人間」が最後には勝つ

絶えず問いを立てることで己を向上させる

「考える」という行為を自分の中に定着させるには、野球のこと以外にも、常日頃から「○○とは？」と自らに問いを立て、答えを出し続けていくことが肝心だ。

私が監督時代に日々行なっていたミーティングでは、チームの戦術、サインやシフトといった決まりごとなどを説明して確認をするのと同時に、「人として、この社会の中でどう生きていくべきか？」といった人間学的な問いかけも随時選手たちにしていた。

私もそうだったが、プロ野球選手になるような人間はそれまでの人生で野球しかしてこなかったため、「この社会の中で自分はどうあるべきか？」などと考えたことが一度もない人間が非常に多い。

だが、プロ野球選手の寿命などせいぜい10年、長くて20年くらいのもので、野球を辞めた後の人生のほうが圧倒的に長い。

プロ野球である程度の成功を収め、その後の食いぶちに困らないような選手ならともかく、ほとんどの選手は現役を退いた後に一般の社会の中で生きていくことになる。

プロ野球選手から一社会人となった時、ある程度の社会通念や一般常識、倫理・道徳観などを持っていなければ、この社会でやってはいけない。**私は選手たちを預かっているチームの監督として、彼らが世に出た時に一社会人として通用する人間となってほしかったし、そうしなければいけない責任が監督にはあると思っていた。**だから、ミーティングを「試合に勝つための確認の場」としてだけでなく、「人間教育の場」として大いに活用したのである。

野球は考える「間」がとても多いスポーツであるという話をしたが、これだけ考える間の多い球技は野球くらいのものだろう。

私はミーティングの時、論語や孫子の兵法など、古今東西の世の原理原則や「社会の真理」が書かれた本の一節を選手たちによく語りかけた。そしてさらに、そういった会話の最中、不意打ちをかけるがごとく、次のような問いも投げかけた。

「野球とは？」
「プロとは？」
「人間とは？」
「生きるとは？」

突然、私に「○○とは？」と問いかけられ、選手のほとんどは即答することができなかった。

だが、野球に関することから、哲学めいた人生に対する問いかけまで、多種多様な問いの答えを考えることで、ひとりの人間としての力量、人間力がちょっとずつ伸びていく。人としての成長がなければ、野球人としての成長もないのである。

問いかける内容は何でもいい。みなさんも日常の中で「とは？」を大切に持ち続け、自問自答を繰り返していってほしい。

「〇〇とは？・」と自問自答を繰り返すことで
人間力がちょっとずつ伸びていく。
それが、この社会で生きていくための力となる

先入観を捨て、まっさらな目で見る

プロ野球の監督をしていた時代、私は常に「この選手はどうやったら伸びるか」「この選手にはどのポジションがふさわしいのか」といったことを考えていた。そしてある時、**選手の成長、成功を阻むものは、指導者の先入観や固定観念である**ことに気づいた。

「この選手は甲子園で活躍したから」
「この選手はドラフト1位だから」
「この選手は育成枠で入ってきた選手だから」

このような先入観や固定観念を持って選手に接している指導者は、曇ったメガネをかけているようなもので、その選手の本当の姿が見えていない。指導者はその選手の才能や適性を見抜き、もっとも適したポジションにその選手を配さなければならないのに、曇ったままの目では、そんな適材適所の采配も不可能である。

2019年の日本シリーズでは、育成出身である千賀《せんが》滉大《こうだい》、甲斐《かい》拓也《たくや》、牧原《まきはら》大成《たいせい》などが大活躍を果たし、福岡ソフトバンクホークスが3連覇の偉業を成し遂げた。

2005年に育成選手制度が導入されて以降、セ・パ両リーグで育成出身の選手が一軍の試合に出場してきたが、ある調査によるとその割合は約4分の1。つまり、育成選手の4人にひとりが一軍の試合に出場できているそうだ。

ひとりでも多くの選手にチャンスを与えるという意味において、育成制度は大賛成である。育成制度があるおかげで、本来ならばスカウトの目にも留まらずにドラフトから漏れてしまっていたような選手でも、プロ野球の一軍で活躍できるチャンスが巡ってきたからだ。今後も千賀や甲斐に続く選手がきっと出てくることだろう。

現在のプロ野球には、ドラフト制度と先述した育成制度によって指名された選手たちが各球団に入団してくる。ドラフト上位で指名されたからといって、その選手が必ずその後、活躍するとは限らない。

逆に、ドラフト下位指名であっても、イチローのようにメジャーリーグに名を残すほどの成功を収める選手が出てきたりすることもある。どんなに目の肥えたスカウトであっても、その選手が入団後にどうなるか、100％わかる人はいないのだ。

悲しいかな、人は齢を重ねれば重ねるほど、どうしても先入観や固定観念といったものを持ってしまう。もちろん、この私も例外ではない。私が昔から「固定観念は悪、先入観は罪」と言い続けているのは、自分自身を戒める意味でもあるのだ。

ヤクルト時代、私の代わりにグラウンド内での監督となってくれた古田敦也《あつや》は、みなさんご存知のようにメガネをかけた選手だった。

ドラフトの際、編成部は「メガネのキャッチャー」ということで古田の指名に難色を示した。しかし私は、「メガネの選手は大成しない」という固定観念を捨て、まっさらな目で古田を見た時に、「この選手はチームに必要である」と判断した。

蓋《ふた》を開けてみれば、古田はプロ1年目に106試合出場、盗塁阻止率5割2分7厘を記録し、ゴールデングラブ賞を獲得した（ルーキー捕手の同賞受賞は史上初の快挙だった)。もし、私の目が先入観や固定観念で曇っていたら、90年代のヤクルトの隆盛はなかっただろう。

上の立場の人間こそ、先入観や固定観念といったものにとらわれることなく、周囲の人たちと接していく必要があるのだ。

「固定観念は悪、先入観は罪」
先入観や固定観念といったものを捨て
まっさらな目で適性を見抜くことが大切

進化に欠かせない「全体眼」

これはあらゆるスポーツに共通して言えることだが、いい選手は全体を見わたす「全体眼」を持っている。キャッチャーであれば、扇の要としてバッターとピッチャー、そしてグラウンド全体を感じていなければならないし、内野手であってもバッターとピッチャー、さらにゴロが転がってきた時に「打者走者」や各塁にいる「走者」を感じながらプレーする必要がある。

現役を引退した1980年から1990年にヤクルトスワローズの監督に就任するまでの9年間、私はテレビやラジオの野球解説をしていた。

ネット裏から野球を見るようになって、気づいたことがひとつあった。それは、「現役時代、割と冷静に戦局を見極めているつもりだったが、全体をしっかりと見ることはできていなかった」ということである。

キャッチャーは野球で唯一、野手たちのほうを向いて守るポジションだ。扇の要となる重要なポジションであり、グラウンド内での「監督」と言ってもいい役割を担う。現役時代、私は「扇の要」として全体を見わたし、その都度状況に応じた冷静な判断を下しているつもりだった。だが、解説者としてネット裏から野球を見るようになり、「現役時代の自分は視野が狭かった」という事実に気づいたのである。

現役時代の私は、いくら冷静だったつもりでも、「当事者」という立場がその視野を狭めていたように思う。当事者であるから、試合をすれば当然のことながら「勝ちたい」と思うが、この**欲が冷静に見ているつもりの視野を狭めてしまうのだ。**

ネット裏から解説者として野球を見ていると、「勝たなければ」という切羽詰まった思いがないため、リラックスして全体を見わたせる。現役時代もバッター、ピッチャー、そしてその後ろを守る7人の野手、それらすべての動きを把握しているつもりだったが、ネット裏から見ていると、現役時代以上のものが見えてくるようになった。

現役時代よりもピッチャーやバッターから距離は離れているのに、「バッターは次はあのボールを狙っているな」「ピッチャーはちょっとへばってきているな」といったことが手に取るようにわかる。「野球というのはつくづく、奥の深いスポーツだな」と解説者になってから、「全体眼」ということの大切さにあらためて気づかされた。

全体眼を持つには、ネット裏から私が野球を見ていたような感じで、「もうひとりの自分」を俯瞰した位置に置き、プレーすることである。わかりやすく言えば、もうひとりの自分が試合を実況中継しているような感覚を持てばいい。全体眼なくしては、考える野球を実践し、さらなるステージへと進化することはできないのである。

「全体眼」を持つコツは、もうひとりの自分が試合を実況中継しているような感覚を持つこと

上達の基本は「好きこそものの上手なれ」

なぜ、私がこれほど長い間、野球を続けられてきたのか？

その答えは極めて簡単である。それは私が「誰よりも野球が好き」だからだ。私ほど野球が好きな人間は日本に、いや世界にいないと思う。

私は野球が好きだったから、どんなにきつい練習も辛いとか、苦しいとか感じることはなかった。野球が好きだったから、「もっともっとうまくなりたい」「もっともっと野球を知りたい」といつも思っていた。

ひとつの物事を長く続け、考え方や技術を向上させていけるのは「好き」という気持ちがあればこそである。「好きこそものの上手なれ」という言葉があるが、私の長い人生を振り返ってみても、まさにその通りだと感じる。

私は高校野球を見るのが大好きである。負けたら終わりの戦いの中で、球児たちがひた向きに白球を追う姿に感動を覚えるからだ。また、高校野球にはプロ野球にはない作戦、采配が多く見られる。「感動」と「発見」、これが、私が高校野球を見続けている理由だ。

高校野球では一戦ごとに選手とチームが成長し、初戦とは見違えるような強いチームとなって上位進出を果たす、というようなことが往々にして起こる。これは、経験不足な高校生が重大な局面を幾度も経験することで、内面を成長させていくからだろう。経験に勝る財産はないのだ。

高校生とは違い、プロ野球は経験を蓄積してきた猛者たちが集う世界である。だから高校球児のように、短期間で見違えるような成長を果たすというようなことはあまり起こらない。プロ野球選手は、１００試合を超える長いシーズンを戦い抜くことで経験を積み重ね、成長していく。

この私も、長く野球を続けてきたから上達し、成長できた人間のひとりである。そして私は、現役を引退してからも監督として、そして解説者として野球界に携わり続けているが、常々思うことがある。

それは、近年のプロ野球を見ていると、「この人は野球をよく勉強しているな」と思える選手、監督・コーチがまったくいないということだ。きっと今のプロ野球界に携わっている人たちは、心から野球が好きではないのだ。「野球は仕事」と思っているから、技術や知識を学ぶにしてもある程度のところで満足してしまい、そこから先に進もうとしない。この現状が、私はとても嘆かわしい。

本当に野球が好きなら、私のように「もっとうまくなりたい」「もっと知りたい」と思うはずだ。

私は野球のことしか考えずに生きてきた。寝ても覚めても野球。だから「**野村－野球＝0**」。**私から野球を取ったら何も残らない**。

でも、私は野球が好きだったから、誰よりも下手で、誰よりも不器用だったのにプロ野球界で生きてくることができた。「好きこそものの上手なれ」。この言葉は、物事を上達させるための真理なのだ。

ひとつの物事を長く続け、
考え方や技術を向上させていけるのは
「好き」という気持ちがあればこそ

成功体験を捨ててこそ、壁は越えられる

成功に満足していては、その後の進化は望めない。

人は生きていれば様々な壁と対峙するものだ。振り返れば私の野球人生も常に壁の存在を感じながら、「この壁を越えるにはどうしたらいいのか？」と考えを巡らす日々の積み重ねであった。

ホークスに運よく入団できてからのプロ生活も壁だらけの毎日だった。プロのレベルの高さを思い知り、「一軍なんて夢のまた夢だ」と思ったが、まずはその一軍入りを目指した。

一軍入りするためにはまず、二軍にいるキャッチャーの中で一番の存在とならなけ

ればならない。私は下戸だったため、みんなが飲みに出かけている夜間もひとり練習に励んだ。決して大げさではなく、あの頃の私は、他の選手の2倍、3倍も練習をしていたというのは先にも述べた通りである。もし私が酒好きな人間だったら、その後の三冠王、そしてプレイングマネージャーとなる野村克也は生まれていなかったかもしれない。

一軍入りを果たし、レギュラーとなってからは打率3割、ホームラン40本を目標に掲げた。

日ごろの鍛錬の甲斐もあり、私はその目標をクリアすることができた。しかし、私はそこで「俺の力もこの辺りが限界だろう」とか、「ここまでくればもう満足だ」と思うことは一度もなかった。相手から研究されて、いつ打てなくなるかもしれない、逆に、新たにすごい投手が現れたら、どうやって攻略しようか、常に危機意識を持って生きていたのだ。結果的に、それが目の前にある壁を越えることができた一因だと思う。

自分の力を限るのも、満足してしまうのも、己の成長を阻む最大の要因となる。自分はどう進んでいくべきか、そしてそのためには今何をすべきかを考え、やるべきことをやっていけば壁を越えられ、新たな成長への道が目の前に再び現れる。

テスト生としてホークスに入団できたことをはじめ、私のプロ野球人生にはツキもあった。１９６５年に獲得した三冠王にしても「自分が努力したから獲れた」などとは思っていない。なぜなら、私にはツキがあったからである。

戦後初の三冠王となった１９６５年は、打率、ホームラン数、打点ともに他の選手たちの数値も低かった。特に打率３割２分０厘でトップになれたのは、他の好打者たちの成績が悪かったからで、三冠王を獲れたのはラッキー以外の何ものでもない。だが、自分で言うのも何だが「キャッチャーで三冠王を獲るのは大変」ということだけは申し上げておきたい。

私はどんなに好成績を収めても満足することはなかったから、三冠王を獲った時も満足しなかったし、慢心することもなかった。

もし、自分のレベルをより引き上げたいと思っている人がいたとしたら、私は「**成功体験は捨てなさい**」と助言したい。飽くなき探求と向上心こそが、己を高めてくれるのだ。

成功に満足していては、
その後の進化は望めない。
飽くなき探求と向上心こそが、
己を高めてくれる

覚悟に勝る
決断なし

第2章

弱点こそ
上達の原動力になる

己を知らずして「正しい努力」はできない

よく「努力は報われる」と言ったりするが、これはウソである。なぜなら、**間違った努力をいくら重ねたとしても、その努力は決して報われない**からである。

最も肝心なことは「正しい努力」をすることだ。正しい努力ができるかどうか。それがこの社会で成功するための必須条件だと言ってもいい。

「正しい努力をせよ」

これは私の指導方針の大きな柱でもあった。私は現役、監督時代を通じ、見当違いの努力を重ねることで自らの才能を潰し、プロ野球界を去っていく選手を数多く見てきた。そのような選手を、私の目の届く範囲からは決して出したくない。そんな思いもあって、選手たちには口を酸っぱくして「正しい努力をしなさい」と言い続けた。

正しい努力をするためには、まず己を知ることからはじめなければならない。そういった意味で「己を知らずして正しい努力はできない」を地で行っていたのが、ヤクルトスワローズの宮本慎也《しんや》である。

あともうちょっと、正しい努力をすればレギュラーになれるのに、「監督は見る目がない。俺は不幸だ」と嘆いているだけでは、決してレギュラーにはなれない。

宮本も一軍半レベルの選手だった頃、私からよく怒られ、最初は「どうやったら私に怒られずに済むか」ばかりを考えていたという。しかしある日から彼は、「どうやったら怒られないか、ではなく、監督（チーム）が自分に何を求めているのかを考えてやっていこう」と意識を変えたそうだ。

「チームにとって自分はどういう存在なのか？」

「何が求められているのか？」

この2点がわかってくれれば、あとはそれを実現するために、己の足りない部分を補っていく作業を日々続けるだけである。宮本はそのことに気づき、己を知り、正しい努力ができるようになった。

「気づく」というのは何より大事なことだと思う。こちらから1から10まで教えても、それは選手が自分で気づいていないことなので、大きく成長することはない。しかし、10のうち1か2を教えることで、選手自らが求め、学び取る姿勢を見せていく。その中で、多くの気づきに出会うことができるのだ。

プロ入り当初、宮本は守備に関してはまあまあだったが、バッティングがからきしだった。しかしそんな彼でも「つなぐバッティング」に目覚め、右打ちを会得し、気づけば2000本安打を記録する名選手になっていた。これは、彼が「正しい努力」を続けてきた何よりの証である。

いい結果を出したいのなら、何よりも正しい努力をすることに注力することが先決だ。そして、そのためには自分をよく知り、自分に足りないものを見極め、何をすればいいかを求め続ける。それがこの社会で成功するための「正しい努力」なのだ。

正しい努力ができるかどうか。
そして、己を知らずして
正しい努力はできない

上達は己の弱点を知ることからはじまる

背も低く、体力もなく、技術もセンスもまったくなかった私が、どうしてプロ野球の世界で食っていけるようになったのか？　それをひと言で表すとすれば、「弱点を補う」ことにまずは注力したからである。

体力不足を補うには、筋トレをしながら持久力なども同時に高めていく必要がある。そのために私は走り込みによって足腰を鍛えつつ、当時は今のような筋力トレーニングマシンなどもなかったので砂を詰めた一升瓶で腕力を鍛えたり、ゴムボールを握って握力をつけたりした。その他の空いた時間は、とにかくバットを振りまくった。

現役時代、ひとつの弱点を補えば、また新たな弱点が現れた。ひとつの道を究めることに終わりはない。だから現役時代は常に、弱点を克服するための方法を考え続けていた。この「弱点を補う」ことの繰り返しこそが上達のカギと言えよう。

弱点を補うには、自らの弱点（短所）を知らなければならない。人はどうしても自分の短所より長所のほうに目を向けがちだが、より上を目指すのであれば弱点の克服なくして実力の向上はない。

私の現役時代の終盤、西武ライオンズで春季キャンプをしている最中にこんなことがあった。

とある若手のピッチャーAがいたのだが、ずば抜けて足腰が強かった。投手陣が行なう足腰を鍛えるためのサーキットトレーニングでは、他の選手たちがヒーヒー言っているのに、Aは涼しい顔でメニューをこなしていた。本人も優越感に浸れるからだろう、他の練習よりもサーキットトレーニングにかける時間のほうがいつも長かった。

だが私から見て、Aの弱点は「体力」ではなく「技術」だった。足腰は強いのに、それをうまく上半身に伝えられないため、球威もコントロールもイマイチだった。要は投球フォームのバランスが悪いため、本来の力を発揮できていないのだ。

Aは体力をつけるトレーニングよりも、下半身と上半身を効率よく連動させるためのピッチングフォームの修正に取り組む必要があった。これが私の言う「弱点を補う」ための練習なのだが、Ａはそれをまったくわかっていなかった。

自らの弱点や短所を見て見ぬふりをし、ごまかし続けていては上達はおぼつかない。自分の弱点を見つめるのは誰でも嫌なものだが、その嫌な部分を正面から見つめ、その上で上達への道を練っていくべきなのだ。

見たくない弱点に
正面から向き合って克服していく。
それが高いレベルに行くための条件

器用すぎると大成しない

不器用な選手は、人と同じような練習をしていても上達しない。だから私は、他の選手が100回素振りをすれば、200~300回の素振りをした。キャッチングにしろ、配球の研究にしろ、とにかく私は「人の2~3倍の練習をする」ことを自分に課していた。

現役時代、私はカーブを打つのが苦手だった。ストレートを待っていて、カーブが来ようものなら体勢を崩して空振り。いつもそんな調子だったから、試合中はよく「カーブの打てない、ノ・ム・ラ!」と野次られたものだ。

器用な選手はストレート待ちの状態から、「カーブだ」と思うと一瞬グッと体を溜め、変化球にタイミングを合わせるのだが、私にはそれができなかった。本当に不器用を絵に描いたような選手だったのだ。

しかし、一軍でそれなりの成績が残せるようになってから、私は「自分は不器用だからこそ、ここまで成長できたのだ」と気づいた。それからは不器用を恥じることなく、「俺は本当に不器用だな」と積極的に認めるようにした。すると不思議なことに、「だったらこうしなくては」「こういうやり方もあるな」と、それまで以上に不器用を克服するための研究や対策を熱心にできるようになった。

「不器用だからこそ成長できるのだ」ということがわかってくると、**昔は「器用がいい」と思っていたのに、「器用はいいことばかりではないな」ということも理解できるようになった。**

まず、器用な人は大抵のことはあまり努力しなくてもできてしまうから、そこで満足し、成長も止まってしまう。また器用さは、往々にして自分への過大評価を招く。それが時に「欲」となり、自分の力以上のものを求めることにもつながる。それが要らぬプレッシャーとなり、失敗を招くきっかけになってしまうことが少なくない。

人間は欲が出ると、結果ばかりが気になるようになる。一打逆転の場面で打席が回ってきた時に「ここでヒットを打とう」という思いだけならいいのだが、欲が出ると「失敗したらどうしよう」と、要らぬことまで考えるようになってしまうのだ。

私もそうだったが、不器用な人はチャンスが巡ってきた時に変な欲が出ず、「いっちょ、やったるか！」とその場面で最善を尽くすことだけを考える。何事もそうだが、「無欲」で目の前の物事に取り組むことによって、「いい結果」は後からついてくる。

人は不器用だからこそ成長することができる。
不器用な人の無欲さが、
いい結果につながっていく

コンプレックスは成長のエネルギーになる

コンプレックスは「負のエネルギー」ではない。考え方次第で、コンプレックスは明日を生き抜く「正のエネルギー」に転換することができるのだ。

今さらだが、私はコンプレックスの塊《かたまり》である。幼少期、赤貧の母子家庭に育ったため、「貧乏」という環境すべてにコンプレックスを感じていた。少年期には「金持ちになろう」と歌手や俳優を目指そうと思った時期もあるが、自分の顔を鏡で見てあきらめた。

私は監督になってからずっとメガネをかけているが、視力は両目ともに1・5あってメガネをかける必要はない。要は伊達メガネなのだが、なぜ伊達メガネをかけているのかと言えば、メガネをかければ顔を隠せるし、多少頭もよさそうに見えるからだ。この容姿も、私にとっては大きなコンプレックスである。

プロ入りしてからは、才能あふれるピッチャーやバッターに嫉妬し、常に話題の中心にあった読売ジャイアンツにも大いに嫉妬心を燃やした。サヨナラホームランを打っても、翌日のスポーツ新聞の一面を飾るのはジャイアンツの長嶋茂雄や王貞治だった。こっちはただの京都の田舎者、向こうは大学野球や高校野球時代から注目を集め続けるスーパーエリートである。日に日にジャイアンツに、そして長嶋や王に対するコンプレックスが大きくなっていった。

しかし振り返れば、**私がプロ入り後にレギュラーとなれたのも、四番を打つようなバッターになれたのも、コンプレックスがあったからだ。**

「野球エリートたちを打ち負かしたい」
「ジャイアンツに負けたくない」
「長嶋や王よりも評価されたい」

そんな思いがあったからこそ、私は来る日も来る日も練習に明け暮れ、大した実力もないのに、プロ野球界の第一線で戦い続けることができたのだと思う。

「向こうはエリート、こっちは落ちこぼれ」と腐るのは簡単だ。でも、私がそうであったように、そのコンプレックスを闘争心に変え、厳しい鍛錬によって己を高めていくことは十分に可能である。

> **コンプレックスを闘争心に変え、厳しい鍛錬によって己を高めていくことは十分に可能である**

マイナス思考が上達を促す

今の世の中では「常に前向きに、ポジティブシンキングで」という生き方がいいように言われたりもする。でも私は、自分がマイナス思考でよかったと思っている。マイナス思考の人間だからこそ、勝負強くなれたという自負があるからだ。

ポジティブシンキングの人間は、「成功」というものに目をやりがちである。でも、**人を成長させてくれるのは「成功」よりも「失敗」のほうだ。「失敗」には数多くの成長するためのヒントが隠されている。**

私は著者として今まで約150冊の本を出してきたが、「野村監督の本が売れていますよ」と聞くたびに、「嘘だろ。何でや？　何か裏があるんじゃないか？」と返してしまう。

私は自分の調子がいい時、あるいはいい成績を収めたりした時でも、それを能天気に喜べない質《たち》である。これは、私が生まれ持っての「マイナス思考」であるからだと思う。

私がマイナス思考なのは、究極の小心者であるからだ。貧乏な家庭に育った私はいろいろなアルバイトをしたが、常にまわりの大人たちの顔色を伺いながら生きていた。でも、そういった性分がキャッチャーというポジションをやる上で、とても役に立った。キャッチャーは、常に最悪の状況を想定しておかなければいけない「危機管理者」だからである。

私の考えでは、危機意識の高い人ほどキャッチャーに向いていると思う。


「なぜ失敗したのか?」

「次に失敗しないためにはどうしていけばいいのか?」

そう考え続けることのできる人は、いろいろな策を立てられるようになり、少しずつ勝負強さを獲得していけるのだ。

野球ではピッチャーとキャッチャーのことを「バッテリー」と呼ぶ。ピッチャーはプラス思考（どんな時も相手に向かっていく闘争心を持ち、バッターを抑えられると信じる）、キャッチャーはマイナス思考（ピッチャーが困った時に助ける立場。常に最悪を想定しておく危機管理者）のプラスとマイナスの関係だから、「バッテリー」なのだ。だからこそ、キャッチャーはあくまでも脇役として主役のピッチャーを盛り上げなければならないのだ。

マイナス思考は常に最悪の状況を想定できる。失敗から多くのことを学べるマイナス思考の人ほど、確かな上達を遂げていく

恥を知る人ほど進歩する

プロ野球選手らしからぬミスをして、「恥ずかしい」と感じない選手は大成しない。ミスをした時に「なんて恥ずかしいプレーをしてしまったんだ……」と自らを心底恥じれば、その後に「同じようなプレーはすまい」と本気で思うはずである。

私もバッターとして凡打や三振を繰り返しては自らを恥じ、自軍のピッチャーが打たれて負ければ、キャッチャーとしてのリードの悪さを恥じた。そして、**「こんな思いはもう二度としたくない」と原因を究明し、二度と同じミスをしないように対策を施した。**私の27年間に及ぶ現役生活は「恥を感じ、練習する」の繰り返しだったと思う。

大谷翔平がプロ野球で二刀流デビューした2013年当時、私は「二刀流でも大変なのに、プロ野球をなめるんじゃない」と反対の立場だった。

しかし、彼はその後、ピッチャーとして2014〜2016年に3年連続二桁勝利を挙げ、さらにバッターとして2016年には打率3割2分2厘、ホームラン22本を記録。これだけの圧倒的な数字を見せつけられ、私は自分の発言の過ちを認めるほかなかった（その時は、マスコミを通じて大谷に素直に謝罪した）。

だが、私は大谷の能力を高く評価しつつも、パ・リーグ他球団のバッターたちに対しては、「二刀流のピッチャーに、バッターに専念している君たちが抑えられて恥ずかしくないのか？」と憤りを覚えていた。

大谷に抑えられたバッターたちの表情を見ていると、「ちくしょう」という悔しさよりも、「まあ、いいピッチャーだから打てなくてもしょうがない」と観念してしまっているような感じを受けた。「二刀流の若造に抑えられて、プロ野球選手として恥ずかしい」と心底感じている選手はひとりもいないように見えたのである。なかには、簡単に三振を喫して、ヘラヘラと笑いながらベンチに下がる者もいる。プロとして恥ずかしさの気持ちが微塵もないものなのかと、嘆かわしい気持ちになることしばしばだった。

一度は完璧に抑えされたとしても、「なんとか打ってやろう」という気持ちで練習と対策を重ね、何度目かの対戦では結果を出していく、それがプロの在り方だと、私は思う。

私は昔から「〝恥の意識〟と〝プロ意識〟は同義である」と発言してきた。なぜなら、この私自身が「恥ずかしさ」をバネに成長してきたからだ。

プロ入り直後、私は周囲のプロ野球選手たちを見て、自分があらゆる面において能力が劣っていることを悟ると同時に、自分の下手さ加減が恥ずかしくてしょうがなかった。

しかし、私はそこで「落ち込んだままでいるのはもっと恥ずかしいことだ」と気づいた。そして、その恥ずかしさを、己を向上させるための闘争心に変え、「負けるもんか！」と気持ちを奮い立たせ日夜練習に励んだ。

現役を引退した時、私は「**人間は、恥ずかしさという思いに比例して進歩する**ものだ」と悟った。「恥ずかしい」と感じることから進歩は始まるのである。

人間は、恥ずかしさという思いに
比例して進歩する

ハングリー精神が私を向上させてくれた

「貧乏は嫌だ」というハングリー精神は、現代の子どもたちはあまり持ち得ないものだろう。しかし、戦後すぐの時代に幼少期をすごした私たちの世代には、食べるものも何もない、貧乏な家庭に育った人間がたくさんいた。そういった家庭に育った人間は、ちょっとやそっとでは心が折れない、強靭な「ハングリー精神」を持っていた。

南海ホークスのプロテストを受け、運よく合格。私のプロ野球人生はそこからスタートした。

私のようなどこの馬の骨ともわからない田舎者が、なぜプロテストに合格したのだろう？　プロ入り当初はそれが不思議でならなかったのだが、ほどなくしてその疑問が解けた。

私と同時にプロテストで合格し入団を果たした選手は、私を含めて7人いた。その中の4人がキャッチャーで、しかも田舎者ばかりだった。

入団当初、私たち4人の仕事は、明けても暮れてもブルペンキャッチャー。二軍の全体練習に参加することすらままならない状況だった。

「これではあんまりだ」

そう思った私は、ある日、二軍でキャプテンを務めていた選手の家へ行き、疑問をぶつけた。

「何で僕たちはずっとブルペンキャッチャーばかりなんですか？　そのために私たちは入団させられたのですか？」

すると、そのキャプテンは「やっと気づいたか」と言い、プロテストで合格できたのはブルペン要員だからだと教えてくれた。

あまりにもバカバカしくて、怒りを通り越して自分自身が情けなくなり、京都に帰ろうかと思った。でも、すぐに我に返り「ブルペン要員であれ、せっかくプロに入れたんだ。しっかり稼いで、母を楽にしてやる」と思い直した。

その後も1年目、2年目と二軍生活が続いたが、私が途中であきらめることなくプロを続けられたのは、「もう貧乏は嫌だ」というハングリー精神があったからだと思う。

私の父は私が幼い頃に亡くなっていたため、我が家は母がひとりで私と兄を育ててくれた。当然のことながら生活は楽ではない。私と兄も家計を助けるため、小学生の頃からいろいろなアルバイトをした。

1年を通じて新聞配達をし、夏休みになればアイスキャンディーを売って歩いた。冬休みになると知り合いの店が忙しくなるため、そこにいる幼児の子守り、今で言うベビーシッターをしたこともある。

私にはどうやら幼子を上手に寝かせる技術があるらしく、遊び相手をするのも面倒だから私は子守りに行くとすぐに幼児を寝かしつけにかかった。するとある時、その子の母親から「すぐに寝かせないで！　夜寝なくなるから！」と怒られた。この子守りのバイトはお金こそもらえなかったが、夕飯を食べさせてもらえるため続けていた。食いぶちがひとり減るだけでも家計が助かるから、母もこのバイトは喜んでくれた。

小学生時代にこのようにいろいろなバイトをし、嫌な思いもたくさんしていたため、私はこの頃から「貧乏は嫌だ」「金持ちになりたい」と考えるようになった。中学生になると、「どうやったら金持ちになれるか？」だけをいつも考えていた。

ひとりでもできて、なおかつ金持ちになれるもの。私の頭に思い浮かんだのは「歌手か俳優」という選択肢だったのは先述した通りだ。

その時は、私も真剣だった。歌手か俳優になるため、音楽部にも入ったし、演劇部にも入った。しかしある時、鏡を見て「この顔じゃ無理だ」とあきらめた。

私が野球をはじめたのは小学生の時ではなく、中学生、それも2年生になってからだ。野球をやるのにも、ユニフォームやバット、グローブを買わねばならず、何かと金がかかる。母に「野球道具を買ってくれ」などとは口が裂けても言えなかった。母にしてみれば、野球も遊びのうちのひとつである。「なんでお前の遊びにお金を使わなければならないの」「うちは野球なんかできる家庭じゃないんだから」とよく言われたものだ。

中学2年で野球部に入ったのだが、当然のことながらユニフォームもグローブもなく、格好はランニングシャツに学帽、グローブは先輩のお下がりを使わせてもらっていた。中学時代の野球部の写真には、ユニフォーム姿のチームメイトに交じり、ランニングシャツの私がしっかりと写っている。

私がプロ野球の世界で技量を磨き続けられたのも、この「ハングリー精神」があったからだと今では感じる。

「貧乏は嫌だ」という
ハングリー精神があったから、
私はプロ野球の世界で
技量を磨き続けることができた

不安を薄める一番の手段

シーズンを通じて安定した力を出し続けるには、「心技体」の「心」の部分も振り幅を少なく、ある程度一定に保っておく必要がある。

これまでにも述べてきたが、私はマイナス思考の人間なのでネガティブな感情を抱きがちである。現役時代も、監督をしていた時も、私の心には不安や嫉妬心といったものが常につきまとっていた。

客観的に考えれば、**不安や心配というものは行動の不足から起こると言っていい。**

「下手の考え休むに似たり」ということわざにもあるように、頭の中でああでもない、こうでもないと考えたところで、不安な気持ちはなくならない。そもそも、不安な気持ちというものは人間ならば誰もが抱えるもので、不安は薄まることはあってもなくなることはない。

それなら不安を薄めるにはどうすればいいか。一番いい手段はとりあえず「動く」ことである。ある思いにとらわれてしまったら、ともかく一歩前へ踏み出す気持ちを持って動く。これまでの習慣とはまったく違うことをしてみてもいいかもしれない。とにかく、不安にとらわれたらそこに居続けるのではなく、動くことが肝心である。ただし、動いてもまだ不安が残っている時にはどうするか。私にはおまじないのような言葉がある。

南海ホークスをクビになった時、私たち一家は大阪から東京に転居した。関西人だった私にとって初めての東京での生活である。

「東京でやっていけるんだろうか？」

心の中は不安でいっぱいだった。だが、その時、妻の沙知代がこう言い放ったのだ。

「なんとかなるわよ」

振り返れば、私が不安な気持ちにとらわれている時、沙知代はいつも「なんとかなるわよ」と私に言ってくれた。

その言い方はある意味とてもぶっきらぼうなものだったが、「くよくよ悩んでもしょうがないでしょ」「あんたならなんとかなるわよ」という意味合いが含まれているように私は感じていた。背中を押してくれるような沙知代の一言で、私は今までどれだけ救われてきたか。妻に先立たれてからというもの、私の心にはどうしようもないほどの喪失感が広がり続けている。

あなたがもし不安を少しでも感じたら「なんとかなる」と信じて、次の一歩を踏み出すようにしてみよう。その繰り返しこそが、人に成長をもたらしてくれるのだ。

不安にとらわれたら、動くことが肝心。
次の一歩を踏み出す繰り返しが、
人に成長をもたらしてくれる

弱者が強者を乗り越える時

「弱者には弱者の戦い方がある」

現役時代に気づいたこの考え方は、監督時代にも大いに役に立った。私が南海ホークス退団以降、監督を務めたプロ野球の3球団は、いずれもBクラスからのスタートだった。否が応でも「弱者が強者に勝つには、どうすればいいのか？」を考えなければならなかった。

試合中、相手チームが「えっ？」と思うような作戦をたびたび用いたため、私は策士と呼ばれることも多かった。

「奇策」とも言える作戦を繁用《はんよう》していたのは、私が弱いチームの監督だったからだ。お金をかけて選手を集めてくれる強いチームの監督であれば、王道を行く正攻法で戦っていけばいい。しかし、弱者として戦っていくには、頭を使った作戦（それをマスコミは「奇策」と呼んだが、私にとっては蓄積したデータをもとに練った根拠のある「戦術」だった）を用いざるを得なかった。

こういった戦術を取るにあたり、一番肝心なのは「選手たちに頭と体で理解させる」ことである。だから私は、キャンプ中からその戦術の意図するところをしっかり説明し、選手たちに理解してもらうよう努めた。

そもそも、私がこのような頭をひねった戦い方をするようになったのは、現役時代に「努力だけではどうにも越えられない壁」に幾度もぶつかったからだ。壁にぶつかるたび、「どうしたらこの壁を越えられるか」と考え、知恵を絞り、練習を重ねることで、壁を一つひとつ越えていった。そして私は、「弱者でもやり方次第で強者に勝つことができる」ことを知った。

監督時代、ミーティングで選手たちに伝えていた「弱者の戦い方」のポイントはこうである。

①全体と全体で戦うのではなく、相手の弱点を重点的に攻める
②相手の得意な形にしない
③強者の弱点を知る。全体は強く感じても、部分を見ると弱いところは必ずある
④戦力を集中させる
⑤力以外の何かを探す（機動力、奇襲、データ、ムード、勢い）
⑥「自分にできること」ではなく「チームに役立つこと」を優先する
⑦準備野球では毎試合勝たなければならない（こうすれば勝てるという具体的攻略法、優越感を持てる材料を探しておく。「果報は寝て待て」と言うが、「果報は練って待つ」もの）
⑧データは細かく、心理面が表れているものほど使える

どんな人であっても、何かしらの可能性を持っている。野球で言えば、「投げる球が速い」「足が速い」「バットに当てるのがうまい」「守備がうまい」など、才能や素質が必ずあるはずだ。それぞれが持つその可能性を最大限発揮させるために、指揮官は常に状況を素早く判断し、最善の戦術を駆使していくことが求められる。

考えに考え、チームとして機能していく。それこそが弱者の戦い方を進化させる条件なのだ。

知恵を絞り、練習を重ね、壁を越えていく。
それこそが、弱者を思いもよらぬ
強者へと進化させる

第3章

上達するための武器を磨け

己の武器を磨くと、上達が加速する

一流プレーヤーは、「これは誰にも負けない」という自分の武器を必ず持っている。私の場合、プロ入りした直後は武器らしい武器を何ひとつ持っていなかった。プロ入り3年目に一軍定着を果たし、次なる目標に「正捕手」を掲げていた私は、その時の正捕手だった松井淳《あつし》さんからレギュラーを奪取するにはどうしたらいいかを考えた。

当時の松井さんは、オールスターやベストナインに選出されたこともある、リーグでも知られた存在だった。しかし、松井さんは守備力は最高だが、バッティングにはやや難があった。だから私は、レギュラーを奪うためには「バッティングで松井さんを抜くしかない」と結論づけた。そこからは、「レギュラー奪取」を目指し、明けても暮れてもバットを振り続ける日々が続いた。

私が入団したばかりの頃のホークスは松井さんをはじめ、守備力に優れた内野手が多かったことから「100万ドルの内野陣」と呼ばれており、機動力も優れていた。その力で日本シリーズにもたびたび出場していたが、セ・リーグの覇者である読売ジャイアンツと何度対戦しても勝てない。そこで、鶴岡一人《かずんど》監督は私が入団した頃からそれまでのチームカラーを見直し、一転して「強打のチーム」を目指すようになった。

努力の成果か、プロ入り3年目の私のバッティング力は着実に増していった。そこに「強打」を目指すチーム事情がうまく重なり、私はほどなくして松井さんを抜き、レギュラーに定着することができたのである。

ちなみにこの年、私は30本塁打を記録し、リーグのホームラン王となった。さらに翌年には鶴岡監督の期待に応え、ホークスはチーム打率、本塁打、打点のすべてでリーグ1位を記録。この頃のホークス打線は長距離砲が揃っていることから、「400フィート打線」とも呼ばれた。400フィート（約122メートル）は本塁打になる距離なので、この愛称が用いられたというわけだ。以降も私は、自分の武器（バッティング）をより強力なものにすべく、ピッチャーの癖や配球を読む術に磨きをかけた。

さらに、正捕手の座を奪われぬよう、守備力を高め、配球の組み立ての研究に没頭した。

この社会を生きていくには、まずはひとつでいいので自分の武器を持つといい。そこで自信を持ち得たら、またもうひとつ武器を増やしていく。こうした積み重ねが、上達のプロセスになっていく。そのためには、「自分の長所は何か？」を常に徹底して考えることが重要である。

自分の長所は何か、目標を達成するには何が必要かを考えていけば、この社会を生き抜くための自分の武器が持てる

自分が伸びそうな環境を選べ

私はこれまでの人生経験を通じて、環境が人生を左右することを知った。自分にとって何が必要かをしっかりと見極め、進むべき環境を精査選択することが重要なのだ。

私は田舎の無名高校の、しかも廃部寸前の野球部に在籍していた。今の私が18歳当時の自分を見て、「この選手はプロ野球でやっていける」と思うだろうか？　プロ野球の監督として何人もの素材を見出し、育て、開花させてきたが、あの頃の自分を見出せていたかと言われれば、「はい」と断言できるほどの自信はない。そのように考えると、やはり**自分の生きる道は自分で探し当てるのが最善の方法なのだと思う。**

私の高校の野球部は、1回戦負けが当たり前の弱小チームだった。そんなチームにプロ野球のスカウトが見に来てくれるわけもない。しかし私には、「金持ちになって母に楽をさせる」という夢があった。そのためには、プロ野球選手になる必要がある。私に残された道は各球団が行なっている「入団テスト」に合格することだった。

幼少期から私は大のジャイアンツファン。だから、どうせならジャイアンツに入団したかったが、選手層が厚すぎるためにあきらめた。

ジャイアンツのような人気球団は資金力にものを言わせ、即戦力をトレードで獲得したり、高校や大学のスター選手を獲得したりしていた。そのような球団に万が一入団できたとしても、若手のチャンスは限られてしまう。

そこで、その他のチームを見わたすと、キャッチャーが一番手薄そうで、なおかつ若手でも使ってもらえそうなのが、パ・リーグの南海ホークスとセ・リーグの広島カープだった。

その頃偶然、新聞配達のアルバイト中に、ホークスの「南海ホークス新人募集」の新聞広告を目にした。これも運命と言えば運命だが、私は渡りに船とばかりに入団テストを受けた。そして、運よく入団することができた（前述したように、後にブルペンキャッチャーとしての合格だったことがわかる）。

その後、私の目論見通りというか、運よくというか、プロ入り3年目にしてレギュラーの座をつかむことができた。

こんな私がそれなりにプロ野球の世界で生きてこられたのだから、やはり自分を知り、自分を活かす道を探求していくことはとても大切なのだとつくづく感じる。

「自分が活かされる場所はどこなのか？」を探る感覚、センサーみたいなものを常に磨いておくことも大切だろう。

環境というものは人生を大きく左右する。
自分が活かされる場所を探し、
見極めていくことが
人生を切り開くコツである

高いレベルを目指すならライバルを持て

私が長く現役を務められたのは、特にある二人の存在があったからである。

1975年、私が通算600号のメモリアルアーチを放った際のインタビューで、「王や長嶋はヒマワリ。それに比べれば、私は日本海の海辺に咲く月見草」と語ったことで、世間には私が長嶋や王にライバル心を抱いていたと思っている方も多いようだ。

確かに王にはライバル心を抱いていた（向こうは思っていなかっただろうが……）。

しかし、長嶋に対して、私は「ライバル」だと思ったことはない。監督となってから「長嶋巨人には負けたくない」とはいつも思っていたが、現役時代に私がライバルだと思っていたのは王ともうひとり、西鉄ライオンズのエースとして君臨していた稲尾和久である。

当時のライオンズは投打に駒の揃った最強チームであり、それを牽引していたのがエース・稲尾だった。私たちホークスがペナントレースを制するにはライオンズを倒すしかない。私にとって稲尾は最大の壁でもあった。

稲尾は150キロを超えるような剛速球を投げるピッチャーではなかった。それでもリーグを代表するエースとして活躍できたのは、元祖精密機械とも言える緻密なコントロールを持っていたからだ。

私はプロ野球選手として今まで何百人ものピッチャーを見てきたが、球審を自分のペースに巻き込む術にかけては、稲尾はナンバー1のピッチャーだった。特にアウトローぎりぎりに投げ込むコントロールは最高級の技としか言いようがないものだ。

稲尾はアウトローぎりぎりに投球し、ストライクを取ってもらうと、次に「ここはどう?」といった具合にボール半個分外れたコースに投げ込んでくる。そうやってちょっとずつストライクゾーンを広げていくものだから、試合終盤にはバッターからすると「そんなところ、バットが届かないよ」というコースがストライクになっている。私はキャッチャーだったので、審判に文句を言って喧嘩するわけにもいかない。アウトコースに甘い球審の日は特に、お手上げの状態だった。

稲尾攻略の糸口は、16ミリカメラで撮った彼のピッチングフォームを、それこそフィルムが擦り切れそうになるまで何度も見直し、インコースに投げる時の握り方のクセを見つけたことだった。「この握り方をしている時は１００％インコース」とわかってからは、コースにヤマを張ることができるようになり、ある程度は彼からヒットを打てるようになったのだ。

もうひとりのライバルの王とは、リーグは違ったのになぜライバル心を抱いていたのかと言えば、彼がいつも私の作った記録を塗り替えてしまうからだった。

例えば１９６３年、私はシーズン52本塁打を記録し、それまで10年間、破られていなかった日本最多本塁打数を更新した。

「10年破られなかったんだから、この記録も10年は大丈夫だろう」、こう思ったのも束の間、翌年に王が55本塁打を放ち、あっという間に記録を更新してしまった。

私は１９６５年に戦後初の、そしてプロ野球二人目となる「三冠王」になるのだが、三冠王はこの一度きり。しかし、王は１９７３年、１９７４年と2年連続で三冠王となり、三冠王の獲得回数でも抜かれてしまった。

私は1975年に600号のメモリアルアーチを放ったが、これは日本プロ野球史上二人目だった。では、一人目は誰か？　こうなったらもはや言うまでもないと思うが、もちろん王である。「月見草」発言のような、今聞くと僻《ひが》み根性丸出しと感じるコメントを発してしまったのも、こういった積年の屈辱、鬱憤《うっぷん》があったからなのだ。

「稲尾を打ってやろう」

「王を抜いてやる」

そういった気持ちがあったから、私は向上心を持ち続けていられた。ある程度、高いレベルのところで勝負を続けていくためには、ライバルの存在は不可欠である。己を高めたいなら、まずはいいライバルを見つけることだ。

私にはライバルがふたりいた。
だからこそ向上心を持ち続け、
己を高めることができた。
いいライバルを見つけられる人は幸運である

努力できる才能があるか？

素質も、才能もなかった私は、80歳を越えた今でも大谷翔平のようなすばらしい素質の選手を見ると、「いいなぁ。俺もあれだけの素質があったらもっと大成功を収められたのに」とうらやましく思う。

プロ野球選手としては完全な落ちこぼれだった私は、「努力に勝る天才なし」という言葉を信じて、ただひたすらに努力を続けるしか生き延びる道はなかった。

また私は、幼い頃から「若い時に汗を流さないと、年を取ってから涙を流すことになるよ。若い時は買ってでも苦労しなさい」と母に教わって生きてきた。だから私の中には、「苦労は成長の糧《かて》となる」という思いが根強くある。こんな考え方を持っていることも、努力を厭《いと》わない生き方につながってきたのだろう。

いずれにせよ、努力できることは大きな才能である。そして私のように、「素質がない」という事実は、努力できるチャンスが巡ってきたと考えるようにすればいい。

ただ、遮二無二努力を続けるために、私はふたつの条件が必要だと思っている。

まずひとつ目は、**その努力を続ける対象そのものが好きだということ**。私は野球が大好きだったから、どんなに練習を続けてもそれを苦に感じることはなかったようにだ。

ふたつ目は、**「自分はこうなりたい」という具体的な将来像が描けるかどうか**。自分はどうなりたいのか、どうしたいのか。それがわかれば、その願いを叶えるための具体策を講じることができる。常に「こうなりたい」というイメージを持ち続けることが大切である。

とあるジャイアンツの選手に聞いたことがあるが、松井秀喜と高橋由伸はチームで一、二を争うほど、陰で努力を続けていたそうだ。試合が終わっても、スタンド裏の練習場でずっとバットを振り続けていたという。私が現役時代のジャイアンツの長嶋王も、誰よりも練習していることで有名だった。

長嶋と王、そして松井と高橋……時代は違えど、エリート街道を歩んできた超一流の選手でも、これだけの努力を続けていたのだ。

ただの一流と超一流は、同じ一流でもその差は大きい。そしてその差こそ「努力できる才能」にあるのかもしれない。

努力できることは大きな才能。
「努力できる才能」の有無が
最後に力の差となって表れる

上達したいなら変化を恐れるな

考えてみれば、この世の中で変わらないものなど何もない。人も生き物も、すべてが刻一刻と変化を続けている。何気ない都心の風景であっても、そこには何かしらの変化が生じている。変化こそこの世の本質なのだ。

だが、今まで通してきたやり方を変えるのには、大変な勇気がいる。なぜなら、行動や習慣をあらためるということは、それまでの考え方や価値観を根本から変えなければならないからである。

監督時代、私が選手に常に求めていたことは「変化を恐れるな」ということだ。**必死になって努力を続けているのに、結果が出ない。それならば、それまでの成功体験**

は捨て、変わるしかない。

私の経験から言えることは、変わることは進歩であり、成熟することである。

「やり方を変えたら、失敗するのではないか？」

そういった不安にとらわれてしまうのは、変化も何もせずにそこに留まっているからだ。だから、まずは変化のために動き出す。変わることは失うことではなく、何かを得ることにつながる。すなわち、変化こそ成長と言ってもいいだろう。

私が監督として見てきた中で、変化を厭わない選手、あるいは常に変化を続けようと心がけている選手は必ず大成した。自分の可能性を引き出すためにも、変化を恐れてはいけない。

私の生き様も、まさに「常に挑戦し、変化を恐れない」ということに尽きる。それもこれも、もともとの私が何の才能もない、弱い人間だったからだ。弱い人間だったから常に危機感を持ち、躊躇せずに変化ができたのだと思う。

たびたび私の著書で紹介しているのだが、本当にいい言葉なので、ここであらためてご紹介したい。ヒンズー教の教えからの引用である。

心が変われば態度が変わる。
態度が変われば行動が変わる。
行動が変われば習慣が変わる。
習慣が変われば人格が変わる。
人格が変われば運命が変わる。
運命が変われば人生が変わる。

外的な変化は誰の目にも明らかなので、わかりやすい。しかし、最も大切なのは「内面の変化」と言えよう。ヒンズー教の教えにあるように、まずは己を知り、あなたの内面に変化を起こしてみるといい。そうすればすべてが少しずつ、いい方向へと変化していくはずである。

変化を恐れるな。変化こそこの世の本質。
変わることは進歩であり、成熟することである。
内面に変化を起こせば、
すべてがいい方向へと変化していく

変化することで革命児となった男

江夏豊は、私に負けず劣らずの「野球好き」だった。彼は自分が登板した後は必ずと言っていいくらい私の家にやってきた。

いつも私の家に来て話すのは、酒の話でもなく、女の話でもなく、野球の話ばかり。そしてそこで、「今日あの時、あのボールを投げさせたのはなぜだ?」「あの配球にはどういう根拠があるのだ?」と私に質問を浴びせかけてきた。気づけば夜が白々と明けていて、「おい、もう朝だよ。今日はここまで。解散!」というようなことが何度もあった。

私のプロ野球人生において、あれほど突っ込んで長々と野球の話をした人間は江夏の他にいない。ああいった性格のため誤解されやすいタイプだが、野球人としてとても優れた選手だった。「いいコーチになれたのに」と今でも思う。

私が南海ホークスでプレイングマネージャー（監督兼選手）を務めていた1975年のシーズン終盤、阪神タイガースから「江夏豊をトレードで獲らないか」と打診があった。

当時の江夏と言えば、阪神の絶対的エースであり、セ・リーグを代表する好投手だった。もちろん、プロ入り10年目を迎え、全盛期よりはストレートの球威は落ちていた。しかし、それでも私は江夏をチームにほしいと思った。

江夏にとっては、セ・リーグの人気球団からパ・リーグへの「都落ちトレード」である。当初は当然のことながら彼はこのトレード話に難色を示したが、私が直接説得すると、渋々了承してくれた。

江夏は「俺様気質」の典型的なピッチャー型の性格だった。だからホークスに移籍してきた当初は、「なんでスター選手だった俺がこんなチームに」と、終始不機嫌そうな顔をしていた。

ホークスにやって来てわかったのだが、江夏の左腕は予想以上に酷使された状態だった。左肩は血行障害を起こしており、50球も投げれば握力が落ち、極端に球威が落ちた。また、当時の彼は心臓疾患も抱えていたから、長いイニングを任せるのも難しい。そこで、私は移籍2年目を迎えた時に、彼を先発からリリーフに転向させようと考えた。

当時はまだ「リリーフ」という役割がしっかりと確立されておらず、今のようなクローザー（ストッパー）という考え方も言葉もない時代だった。リリーフ転向の話を江夏に持ちかけると、「都落ちトレードで恥をかかされ、今度は先発からリリーフ。監督は俺に二度も恥をかかせるのか」と怒った。

しかし、私は粘り強く彼を説得した。そして、「絶対的なリリーフとして、プロ野球界で革命を起こそう」と語りかけた。すると江夏は、「革命」という言葉に何かを感じたのだろう。リリーフ転向を承諾してくれた。

そこからの江夏は水を得た魚のように、チームの絶対的な抑え役として活躍してくれた。負けん気の強い性格、相手を威圧する雰囲気、ピンチにも動じないその度胸は、まさに抑え役に適任だった。彼は体を張って「リリーフ」という役割の重要性を説く、まさに球界の革命児となった。

江夏は「俺様気質」だったが、寂しがり屋でもあった。ほどなくして私と同じマンションに引っ越してくると、試合後にたびたび私の家にやってくるようになったのは、冒頭でお伝えした通りである。

あの時代、江夏と朝まで語り合った日々は、私にとっても至福の時だった。

とことん仕事を好きになれ。
時として朝まで熱中できるほど、
目の前のことに取り組んでいるか

現役終盤にキャリアハイを記録した伝説の投手

かつて、脳は年を取れば取るほど老化が進んでいくと言われていた。しかし、近年の脳科学の研究によると、普段からしっかりと脳を使っていれば（生き生きとした生活をしていれば）、脳の老化を防げるだけでなく、現状よりも脳を活性化することができるのだそうだ。

これは野球でも同じことが言える。**その人が望めば、引退間近のベテラン選手でももうひと伸び、ふた伸びすることができる。**「野村再生工場」と呼ばれた私は、過去そういった選手を幾人も見てきた。

現役晩年にさらに伸びた選手として私が真っ先に思い浮かべるのが、南海ホークスでともに戦ったピッチャー、皆川睦男《みながわむつお》である。

日本プロ野球界で30勝を記録したピッチャーの中で、皆川は最も新しい年（と言っても今から半世紀以上前の1968年の記録だが）に30勝を挙げたことから、「最後の30勝投手」とも呼ばれている。


皆川と私はホークスに1954年に入団した同期生であり、私がレギュラーに定着した入団3年目に彼も先発ピッチャーとして初白星を挙げ、以降16年間にわたりバッテリーを組んだ。

皆川は初白星を挙げた1956年から8年連続2ケタ勝利を記録するなど、チームに大いに貢献したピッチャーだったが、その間に20勝以上を記録したことは一度もなかった。そんな彼が20勝を上回る勝ち星を記録したのは、デビューから14年を経た1968年のことだった。

右のサイドスローだった皆川は、左バッターに弱かった。変化球の持ち球がシュートとカーブしかなく、左バッターとしてはカーブを見極め、逃げていくシュートだけに的を絞ればよかった。だから私は皆川に対しこう提案した。

「左バッターの胸元を突くような小さく曲がるスライダーを覚えたらどうだ？」

この「小さいスライダー」こそ、今やピッチャーの定番の決め球であるカットボールである。でも当時は「カットボール」などという名称はなかったため、私は「小さいスライダー」と呼び、皆川はそのスライダーを覚えるべく努力を続けた。

皆川の投げる小さいスライダーに手応えを覚えたのは、他ならぬ読売ジャイアンツの王貞治との対戦だった。１９６８年のジャイアンツとのオープン戦で、私たちは王と対戦する機会を得た。そしてその直前、私は皆川に「初球はボールから入れ。そしてカウント1ボールから小さいスライダーでいくぞ」と伝えておいた。

予想通り、真っ直ぐだと思って打ちに来た王はその小さいスライダーに詰まり、セカンドフライでアウトとなった。その時のマウンド上の皆川のうれしそうな顔といったらなかった。そして皆川はそのシーズン、新たな武器を手に、自身最高となる31勝を記録した。

たとえ体が衰えたとしても、頭を使ってそれまでのやり方を見直し、正しい努力を続ければ、人はいくつになっても上達できる。私も現役時代はバッターとしてバットを短く持ったり、スタンスを狭くしてみたりと、やり方、取り組み方を常に模索していた。人は己があきらめない限り、いつまでも成長できるものなのだ。

体が衰えても、
頭を使い、やり方を見直し、
正しい努力を続ければ、人は上達できる

一流を目指すなら「感じる力」を磨け

「感じる力」を持っている選手は必ず伸びる。これは、長年にわたって多くの選手たちを見続けてきた私の正直な感想である。

私の知り得る限り、大きな夢や目標を持っている人は、何事にも敏感である。目標を達成しようと思ったら、どうやったらそれが叶うのかを考える。この、常に思考を巡らせている状態が、人の感じる力をきっと研《と》ぎ澄《す》ますのであろう。

そもそも、「感じる力」、「感性」と言い換えてもいいかもしれないが、これがなければ思考を巡らすこともできない。考える力が劣っているということは、感じる力、感性が欠如していることの表れでもあるのだ。

私は選手たちに「感じる力をつけるには、まず感謝の気持ちを持ちなさい」とよく話して聞かせた。**人は感謝の心があって、初めて感じる力も育まれていく。**感じる力のある選手、感性の優れた選手は、自らの変化のみならず、周囲の変化も敏感に感じ取る。**そうやって感じる力が備わってくると、考える力も並行して身についていくのだ。**

私のプロ野球人生を振り返ってみても、一流と呼ばれる選手はみな感じる力に優れていたように思う。感じる力があるから「自分が今、どういう状態にあるか」を理解し、よくない状態にあるのであればすぐに修正することができる。だから、一流選手は同じ失敗を繰り返すことがない。二度も三度も同じ失敗を繰り返す選手は、感じる力の劣った二流、三流ということ。プロ野球選手にとって「鈍感は最大の罪」なのだ。

「感じる力」とは「気づく力」である。だからこそ、気づく選手は絶対に伸びるのだ。これは野球界に限らず、人類普遍の真理と言ってもいいかもしれない。

人としての成長は、感じる力を磨くことからはじまるのだ。

鈍感は最大の罪。
人として成長するには、
「感じる力」を磨くことである

次のステップのための準備を怠るな

何事にも終わりがあれば、はじまりがある。次のステップに進んでから物事に対応している人と、事前にしっかりと準備している人では、その後の成長の度合いが違ってきて当然である。

1980年に西武ライオンズで現役引退をした私は、その後、テレビやラジオ、新聞といったメディアでプロ野球の解説者として仕事をするようになった。

私は処世術皆無の人間であるから、「解説の仕事をください」とテレビ局などに営業をかけたことは一度もない。それでも私が引退直後から解説の仕事ができるようになったのは、現役時代からその布石を打っていたからである。

現役時代、私はテレビ局やラジオ局から「日本シリーズのゲスト解説をお願いします」と言われることがよくあった。そういった時、私はその解説の仕事を「ゲストだから」と適当に済ませるようなことだけはしたくなかった。

現役選手だからこそ言えることがあり、OBなどは知らない、ファンが喜ぶ情報を提供できるはずだ。さらに、ここで自分をしっかりとアピールしておけば、引退後もきっと解説の仕事が来るに違いない。私はそう考え、どんな解説も手を抜くことなく、事前にデータなどを整理してから臨んだものである。

現役時代の取り組みが評価され、引退後にはすぐにテレビとラジオの解説の仕事が決まった。でも、私はそこで満足することはなかった。**「どうせ解説者になるのなら、日本一の解説者になろう」、そう思って、常に他の解説者とは一味も二味も違う、独自の視点で語ることを心がけた。**

私が常に意識していたのは、マイクの向こう側にいるであろう視聴者の方々だ。視聴者は何を求めているのか？　一般の野球ファンはどんな情報を提供すれば喜んでくれるのか？　そういったことを常に考えながら、わかりやすい解説をするようにしていた。

そうやって解説の仕事を続けているうちに生まれたのが、中継画面にストライクゾーンを9分割して示す「野村スコープ」である。このスコープ画面に、私が手書きで気になることを書き加えながら解説をしていった。

「このバッターの弱点はこの辺りですから、ここにさえ投げておけば大丈夫」

「今、このバッターは高目のこの辺りを狙っていますよ」

私は蓄積してきたデータをもとに、キャッチャーならではの視点で予測を述べた。すると、これが結構な確率で当たるものだから視聴者から大いに受けた。後に多くの人から「野村スコープを使った解説によって、キャッチャーというポジションの重要性に気づけました」と評価していただいた。

最初につまずかないように、用意は周到に。それが飛躍のため大きなポイントなのだ。

事前にしっかりと準備をしている人は
大きく飛躍する。
成長の度合いを高めるためにも、
常に用意は周到に

第4章

上達するための自己管理術

上手な自己管理は上達の礎になる

「無事是《これ》名馬」

この言葉が表すように、試合に出続けている選手はそれだけで一流である。華やかな表舞台の裏で、一流の選手たちは自分を律し、健康を維持しながら、目標に向けた努力を日々積み重ねている。

本章では、平常心を保ちながら、脇目もふらず自分がすべきことに集中するにはどうしたらいいのか。あるいは、健康を維持するための食事法や疲労回復法など、上達の礎となる、自己管理を続けるための方法やそのコツをご紹介していきたい。

私はプロの世界で現役を27年間続け、日本プロ野球史上で第2位の記録となる通算３０１７試合に出場した。ちなみに、第1位は谷繁元信の３０２１試合、第3位は王貞治の２８３１試合だ。

私が３０００を超える試合に出場することができた理由をひと言で述べるとすれば、それは「徹底した自己管理」の賜物である。これは私だけでなく、1位の谷繁も3位の王もきっと同じだと思う。

プロの世界で、しかも第一線で長い期間にわたって活躍を続けるには、体調や食事、生活サイクルなどをしっかりと管理し、健康状態をある程度一定に保っておくのが最低限の必須条件である。そう考えると、**「プロ野球は自己管理の世界である」**と言い表してもいいかもしれない。

私より少し後の時代に活躍し、「鉄人」の名を残した衣笠祥雄《きぬがささちお》は２２１５試合の「連続試合出場記録」を持っている。これは未だに誰にも破られていない球史に残る不滅の大記録といっていいだろう。

鉄人・衣笠に続く選手として広島、阪神で活躍した金本知憲《ともあき》、さらに日米で活躍したイチロー、松井秀喜、まだ現役である鳥谷敬《たかし》、青木宣親《のりちか》、坂本勇人《はやと》などは、私から見ても自己管理がしっかりできている。だからこそ試合に出続けられているし、いずれの選手も体が強いから、ちょっとやそっとのケガでは休むことがない。

自己管理に長けた者が進化を遂げ、最後には勝つ。本章を読めばそれがわかっていただけるはずである。

プロ野球は自己管理の世界である。
華やかな表舞台の裏で、一流の選手たちは
自分を律し、目標に向けた努力を
日々積み重ねている

痛みに強くなれ

私が思うに、連続試合出場記録を持っている選手はみなタフだし、自己管理を徹底している。タフな選手は「ケガは当たり前」と思ってプレーしている。だから多少のケガでも休むことはないし、試合に出続けることでケガを治す術を心得ている。

今のプロ野球を見ていて思うのは、選手たちが総じて「ケガに弱くなった」ということである。私が監督をしていた時も感じていたが、あそこが痛い、ここが痛いと言ってはすぐに休む。プロ意識の足りない選手が本当に増えてしまった。

私は現役時代、ケガなどで試合を休むことは滅多になかった。テスト生上がりの私は、一軍のレギュラーになってからも「これで安泰だ」と思ったことは一度もなく、頭にあったのは「いつレギュラーから外されるかわからない」という危機感だけ。それはプロ入り4年目で初めてホームラン王のタイトルを獲得しても、まったく変わらなかった。

初のホームラン王となった翌年、守備中にファールチップが右手親指に当たり、骨折してしまったことがあった。この時、私は痛さよりも先に「監督にバレたらやばい」と思った。監督に骨折を知られたらレギュラーから外され、別の選手がマスクを被ることになる（当時は先輩捕手が2番手だった）。そこで代わりに出た選手が活躍でもすれば、私の戻る場所はなくなってしまう。「せっかくつかんだレギュラーの座を絶対に失いたくはない」、そう思った私は、骨折箇所を固定するためのブリキのサックを特注し、痛み止めの注射を打ちながら試合に出続けた。

キャッチャーは、野手の中でも最も生傷の絶えないポジションである。ファールチップが体に当たることは当たり前で、それ以外にもホームでのクロスプレーによってケガをすることも多かった。今でこそ「コリジョンルール」なるものができ、ホームでのクロスプレーは減ったが、私が現役の頃はキャッチャーへの体当たり、スパイクの歯をこちらに向けてのスライディングなどは当たり前だった。

スパイクの歯をこちらに向けてスライディングしてきても、私はいつも要領よくそれを避けていた。しかしある日、どうしても避けきることができず、足首にスライディングをもろに食らってしまった。足首を見ると傷口がパックリと開き、鮮血が滴《したた》り落ちている。9針を縫《ぬ》うケガだったが、翌日も休むことなく試合に出たことは言うまでもない。

ヤクルトの監督時代、ともに戦った宮本慎也もケガには強い選手だった。後で聞いた話だが、彼もデッドボールで親指を骨折したことがあったらしい。その時、宮本は私と同じく「痛いと言ったら二軍に落とされてしまう」と思ったそうだ。そして痛みと戦いながら、「自分の指じゃない」「死ぬわけじゃない」と自らに言い聞かせ、試合に出続けたという。

私も宮本も、痛みに打ち勝ち試合に出続けられたのは、「レギュラーを外される」「二軍に落とされる」という危機感である。プロとしての危機感が、私たちの心身をタフにしてくれたのだ。

1939試合連続出場、13シーズン連続全試合出場（いずれも歴代2位）の記録を持つ鳥谷敬も、1492連続試合フルイニング出場と1万3686連続イニング出場の世界記録を持つ金本知憲も、ケガに強い選手だった。

2017年、鳥谷は甲子園での巨人戦で顔面に死球を受け、鼻骨を骨折した。その翌日、彼は黒いフェースガードを着用し、代打で途中出場を果たした。連続試合出場がかかっているというのもあったのだろうが、鳥谷のプロ意識の高さを垣間見た一戦だった。

「昭和の鉄人」が衣笠祥雄なら、金本知憲は「平成の鉄人」と言っていいだろう。金本と言えば2004年、甲子園での中日戦でデッドボールを受け左手首を骨折し、翌日の巨人戦で右手一本で2安打を放った伝説が残っている。

ケガを押し、無理に試合に出場することでチームに迷惑がかかるのならば、もちろんそれは問題である。しかし、鳥谷も金本も試合に出続けることでチームを鼓舞し、いい影響を与えていたように思う。ベテラン選手が真摯に野球に取り組んでいる態度を見れば、チームメイトも自然と「自分たちもがんばらなければ」と思うようになる。実際、金本がいた時代の阪神はシーズン全試合出場を目指す選手が増えたという。

金本は、「ケガをしていても、言わなければケガではない」と言っていたそうだ。また、「ケガと故障は違う。ケガはデッドボールのような不可抗力で負うもの。故障は自分の準備が足りないで負うもの」とも言っていたそうで、この発言は私もその通りだと思う。

故障で休むのは、プロとしての自覚の欠如以外の何物でもない。高い給料をもらっているプロならば、普通の人たちが成し得ないようなことをグラウンドで体現していかなければならない。そのためにはケガに強いタフさを持ち、故障をしないように、日頃から徹底した自己管理をしていく必要があるのだ。

> ケガは不可抗力だが
> 故障は準備不足で負うもの。
> 「鉄人」たちはみなタフで、
> 自己管理を徹底している。

疲れを溜めないための私の唯一の健康法

睡眠は食欲とつながっている。よく寝てさえいれば、食欲は自然と湧いてくる。私にとって十分な睡眠は、コンディション作りの基本だった。

プロ野球のペナントレースは長い。私が現役時代の頃は1シーズン130試合程度、近年は143試合が行なわれている。

長いシーズンを戦い抜くにあたり、一番の山場は「夏」となる。シーズンも中盤から終盤へと差しかかり、疲労もピークに達する頃だ。個人の成績も、チームの成績も、この夏場をいかに乗り切るかにかかっていると言っても過言ではない。

私にとっての健康法があるとしたら、「食事と睡眠」だった。食事と睡眠に金をかけない選手に名選手はいない。食事と睡眠は、プロ野球選手にとって仕事の一部である。

プロ野球選手でも夏バテなどで夏場を苦手とする人はいるが、私は夏が大好きだった。みんなの調子が落ちる夏にこそ、「打撃成績を上げるチャンス！」とばかりに打ちまくったものである。

夏バテ知らずというのは、睡眠に気を使ってきたことも大きいと思う。疲労回復には「寝ることが一番」と信じていたから、若い頃から暇さえあれば寝ていた。1日最低10時間は寝るようにしていたし、放っておいたら24時間寝続けるくらいの勢いで寝たものだ。そんな感じだったので、先輩たちから「お前はよう寝るのぅ」としょっちゅう冷やかされていた。

プロ野球選手は1年中旅をしているようなもので、ホテルでの宿泊も多い。「枕が変わると寝つきが悪くなる」という人も結構いるが、私は枕が変わろうが、布団が変わろうが、どこでも関係なくよく眠れた。こういった資質は持って生まれたものだから、両親に感謝するほかない。年を取ると寝つきが悪くなったり、朝早く目が覚めたりするようになると聞くが、私は84歳になった今でも（当時）、10時間睡眠を続けている。

子どもの育て方などでもよく言われるが、**人間の健康と健全な育成には十分な「食事と睡眠」が欠かせない。**これは老若男女問わず、人間に共通した健康の秘訣だと思う。

食事と睡眠に金をかけない選手に名選手はいない。食事と睡眠はプロ野球選手の仕事の一部である

確かな上達を支えるパワーの秘密

私がプロ野球選手となった頃の南海ホークスは、弱小球団で資金力も乏しかった。そのため、寮などで出てくる食事も「ご飯とみそ汁、おかずは漬物だけ」といった具合で実に貧相だった。

「プロに入ったら豪勢な食事ができる」、そう思っていた私は「なんだ？　これがプロの食い物か？」とショックを受けた。だからプロ入り3年目に一軍入りし、そこそこの給料をもらうようになってからは球団の用意する晩飯は食べず、自分で好みの店を見つけ、そこで食事をするようになった。

以降、現役を終えるまでの二十数年、私の晩飯はほぼ外食。いいものを食べなければホームランも打てないと思っていたから、食事には何よりも金をかけた。

食べることで疲労が回復し、パワーがつき、スタミナが蓄えられる。現役時代、私は食事は生命の維持ではなく、明日への活力とすべきだと考えていた。その考え方は年老いた今もほぼ同じである。

私が好んで食べていたのは「牛肉」だ。子どもの頃、貧乏だった我が家で牛肉を食べるのは年に一度、お正月くらいのものだった。「金持ちになったら毎日、牛肉を腹いっぱい食ってやる」と思っていたから、プロ野球選手となって夢を実行したわけだ。

私はチーム一の大食漢でもあった。私が毎晩毎晩、すごい量の食事をするものだから、いつしかそれがマスコミにも知られ、気づけばスタンドから「大飯ぐらいのノ・ム・ラ！」と野次られるほどになっていた。

当時の私の行きつけは、ホークスの本拠地近くにあった千日前の韓国料理店だった。シーズン中、ホームゲームの日はほぼ毎晩この店に行き、牛肉を食べまくった。大食漢だった私は、その店の後にこれまた好物だった寿司を食べに行くこともしばしば。そんな時はよく「牛肉は前菜、寿司はデザート」と豪語したものだ。

私たちの世代の人間は、「牛肉＝スタミナ」というイメージが強い。栄養学的には正しくないかもしれないが、プロ野球界をざっと見わたしても現役を長く続けている選手は「肉食」が多い。だから「牛肉＝スタミナ」もあながち間違ってはいないと思う。
牛肉がスタミナの源だと私は信じ切っていたため、つき合いなどで晩飯が肉なしの和食で終わってしまった翌日は、不思議なことにまったく打てなかった。そんな日の晩飯は「2日分の肉を食べなければ」と必死になって肉に食らいついた。

食べることで疲労が回復し、
パワーがつき、スタミナが蓄えられる。
食事は生命の維持ではなく、
明日への活力である

「努力を連続させる習慣」を作れ

「継続は力なり」とはよく言われるが、私がプロ野球人生で学んだことは、まさにこれである。努力と工夫を続け、いかに成長し続けるか。一流になるためのカギがそこに隠されていると言っても過言ではない。

一軍でそれなりの成績を残せるようになってきた頃、私は努力や工夫を習慣化してしまえば、無理に意識しなくても継続可能になることを知った。

「がんばらなくては」
「苦しくても続けなくては」

そういった苦しさの混じった考え方だと、物事はあまり長続きしない。「努力を続けるコツは何ですか？」と聞かれたら、私は迷わず「習慣にしてしまうことです」と答えるだろう。だから私は考え方を変え、「努力を無意識にできる〝習慣〟」としてしまったのだ。無意識にできるものにしてしまえば、もうこちらのもの。私は試合があろうとなかろうと、毎夜の素振りを日課としていたが、素振りをしないとやり残したことがあるような気がして寝つけない体質になった。そんなわけでいったん就寝したものの、気になってしまい寝床から飛び起きて素振りをしたことが何度もあった。

私の素振りのように「やらなければ気持ちが悪い」というところまでいけば、努力を努力だとは感じなくなる。つまり、言い換えれば**「自分は一生懸命努力をしている！」と思っているうちは、本当の努力ではないのである。**

「習慣は才能より強し」

これは私が長年言い続けてきた言葉だ。習慣化によって本当の努力を獲得した人は、己の才能以上の力を発揮できるようになる。努力を習慣化してしまえば、人は才能を越えて大きく成長できるのだ。

不器用な私が、厳しいプロの世界でそれなりの実績を残すことができたのは、努力を習慣化したからである。不器用だったから誰よりも努力し、気づけばそれが習慣となった。

努力に即効性はなく、一時だけいくらがんばってもすぐに結果に結びつくことは稀である。でもだからこそ、失敗を恐れずに努力を続け、チャレンジし続けることが大切なのだ。

「習慣は才能より強し」
習慣化によって本当の努力を獲得した人は、己の才能以上の力を発揮できるようになる

夢や目標の上手な叶え方

世間的には「夢は大きく持て」とか「夢は大きければ大きいほどいい」と言ったりするが、「夢は大きければいい」という考え方は、ちょっと大雑把《おおざっぱ》すぎるように私は思う。

確かに、大きな夢は簡単にイメージできるし、聞こえもいい。だが、大きな夢は具体性に欠け、「目標」としての役割を果たさない時がある。つまり、大きな夢はあまりにも漠然としすぎているために、そこに向かってどう進んでいったらいいのかわからなくなりやすいのだ。

また、大きな夢は荒唐《こうとう》無稽《むけい》な内容になりがちで、いざ夢に向かって進もうと思ったら急に我に返り、「やっぱり自分には無理だ」とあきらめることになってしまう場合も多いのではないだろうか。

では、夢に向かって歩みを進めるにあたり、迷ったり、あるいはあきらめたりしないようにするにはどうしたらいいのか？

私は監督をしていた時、選手たちに「**大きな夢や目標を持つのはいいが、そこに向かう道程において、複数の目標を入れていくといい**」と教えていた。

複数の目標とは、具体的に「大きな目標」「中くらいの目標」「小さな目標」の3パターンである。

プロ野球の場合で言えば、大きな夢、目標は「日本一を目指します！」という内容が多い。

ただ、「日本一になります！」と言った選手に、「じゃあ、お前は日本一になるために具体的にどうするんや？」と聞くと、「えっと……」と言葉に詰まってしまう。大きな目標は、耳心地はいいが、具体性に乏しいため、それでは実現性も低くなってしまう。だから私は、先述した3つのパターンの目標を持つように助言していたのだ。

チームが「日本一」になるために、自分はどうしたらいいのか？　その前段階が、「中くらいの目標」となる。ピッチャーなら「二桁勝利」になるかもしれないし、バッターなら「打率3割」「打点100」といった具合になるだろう。大きな目標よりも、具体性を持たせたものが「中くらいの目標」には適している。

「小さな目標」は、「中くらいの目標」を、より細分化したものである。

投手なら、「二桁勝利」をするためにはどうしたらいいのかを考え、「ローテーションを守り、月に○回登板」とか、「月に○勝」「月に○イニング投げる」といったように、内容をより具体的にしていくわけだ。バッターなら、3割を打つための必要安打数を導き出し、「月間○安打」とか「週間○安打」と、どんどん細分化していけばいい。

「千里の道も一歩から」ということわざもあるように、大きな夢を描いたとしても、そこにいたる道程は一歩一歩、歩を進めていくしかない。夢や目標に到達するための近道はないのである。

目標は細分化すればするほど達成しやすい。

「大きな目標」「中くらいの目標」

「小さな目標」の3つを持つ

小さな目標を一つひとつこなしていくのが上達のコツ

前項で述べたように、目標は細分化すればするほど達成しやすくなる。なぜ目標を細分化したほうがいいのか。その理由をもう少し詳しくご説明したい。

京都の片田舎の高校に通っていた頃の私の夢は、「プロ野球選手になる」ことだった。プロ野球選手になって母に楽をさせてあげたい、その思いで南海ホークスのプロテストを受けた。人が生きていく上で夢や目標といったものは、ないよりはあったほうがいい。夢や目標は人生の励みになるし、何より自分を向上させる大切な道標となる。

私は運よくプロテストに合格し、夢だったプロ野球選手になることができた。だが、一軍に上がりレギュラーとして活躍するようにならなければ、「母に楽をさせてあげたい」という思いを実現できないことを思い知った。そこで、私は新たに「一軍入り」という目標を立てた。

キャッチャーの2番手、3番手でもいいから、とにかく一軍入りを目指す。これがプロ入り1、2年目の私の目標だった。私は全体練習以外の時間も、それこそ寝る間も惜しんで自主トレに励み、他の選手の2倍、いや3倍は努力していたと思う。

この時の私の目標が「一軍入り」ではなく、「一軍の正捕手となる」とか、「一軍で四番を打つ」というような己の実力を度外視したものだったら、努力することを途中で投げ出していたかもしれない。努力を継続させるためには、目標は高すぎるのも考え物である。階段を一段一段上っていくように、着実にステップアップできる目標を立てることが大切なのだ。

プロ入り3年目に一軍入りを果たした私は、「正捕手になる」ことを次の目標に掲げ、それが達成されると、今度は「打率3割」、そして「本塁打40本」と、少しずつ目標のレベルを上げていった。プロ生活にも慣れ、余裕が出てきたため、前項で述べた「大中小の目標」を立てられるようになったのだ。

夢や目標があると、そこに向かうための厳しい鍛錬も、「辛い」とか「嫌だな」と感じなくなる。「この練習を積み重ねていけば目標が達成できる」と思えば、どんなに厳しい練習も楽しくできるようになるものなのだ。

私は「野球が大好き」ということもあるが、常に目の前に目標を掲げていたため、他人の3倍の努力をしても、それを「苦しい」「嫌だ」と感じることは一度もなかった。物事に前向きに取り組んでいくためにも、着実にステップアップできる「小さな目標」を、まずは持つことをお勧めしたい。

努力を継続させるためには、
階段を一段一段上っていくように、
着実にステップアップできる目標を立てる

道具にこだわるのが一流のプロ

「道具が変われば結果が変わる」

これは、私がプロ野球生活で得た教訓である。一流と呼ばれる選手たちはみな道具にこだわりを持っていた。逆に言えば、プロの世界では道具にこだわらなければ一流にはなれないのだ。

私に道具にこだわるきっかけを作ってくれたのは、球場のロッカールームに捨てられていた一本のバットだった。

プロ入りしたばかりの頃は給料も安く、バットを買う金にも困っていた。練習でバットを折っても新しいバットを買うことはできない。そんな時、ロッカールームの隅に据えられた「バットの捨て場」に私はいつも行っていた。

バットの捨て場には基本的に折れたバットなどが捨てられているのだが、たまに一軍選手がまだまだ使用可能なバットを捨てていたりすることがあった。私は定期的に捨て場を覗いては、まだ使えそうなバットをありがたく再利用させていただいていた。

一軍選手のバットを見ていて気づいたのは、長距離バッターはグリップの細いバットを使っているということだった。

未熟だった私は、先輩たちがグリップの細いバットを使ってホームランを打っているから、私も同じものを使えばホームランを打てると思った。だから私は先輩たちにならい、いつもグリップの細いタイプのバットを選んで使用していた。

ところがある日、その捨て場を覗くと太いグリップのバットが捨ててあった。自分の好みではなかったが、手持ちのバットを折ってしまっていたため、そのバットを使わざるを得ない。打撃練習で渋々そのバットを使ってみたのだが、これが思いのほか私にピッタリだった。打球がビックリするくらい飛ぶようになったのだ。

グリップの太いバットは「タイ・カップ型」（メジャーリーグの安打製造機、タイ・カップが使っていたことから）と呼ばれ、私は以来、現役を引退するまで同じ型のバットを使い続けた。

一軍に定着してからは、シーズン前にアメリカからタイ・カップ型バットを特注して取り寄せ、何十本もある中から数本を吟味し、それを試合で使うようにしていた（残ったバットは練習用として使ったり、二軍の選手たちにあげたりしていた）。自分で選び抜いたお気に入りのバットなので、試合中に折れたりすると大切な相棒を失ったようで、とても悲しかった。

あの時、私がロッカールームであのバットに出会っていなかったら、もしかしたらその後チームで四番を打つことも、ホームラン王になることも、三冠王を獲ることもなかったかもしれない。

道具は「命」である。これまで私が見てきた中で、いまいち伸びない選手の特徴は、道具に対する思い入れが少なく、手入れをしないことだった。今、道具にこだわり、愛情を持って扱う選手がどれだけいるだろうか。

道具が変われば結果が変わる。
道具にこだわり、大切に扱うことが
この上ない準備となる

100歳まで生きると思っていた金田正一さん

左腕一本で大記録を打ち立て、球界の発展に大いに貢献した金田正一さんの話をしたい。

2019年10月、日本プロ野球史に残る歴代最多の通算400勝を記録した大投手、カネさんが86歳でお亡くなりになった。この400勝はまさに、徹底した自己管理の賜物だった。

カネさんが亡くなったと最初に聞いた時は、本当にビックリした。私は、カネさんは100歳まで生きると思っていた。そのくらい、いつ会っても、いくつになっても生気がみなぎっている人だった。

現役時代、私はチーム一の大食漢として知られており、他チームのファンから「大飯ぐらいのノムラ！」とよく野次られたことは先述した通りだ。

大食いには自信のあった私だが、カネさんと初めて食事をした時、彼の食べる量を目の当たりにして度肝を抜かれた。彼の大食いに比べれば、私などどんぶり飯大盛り一杯を食べて悦に入っている子どものようなもの。食べすぎて「苦しい……」と思っているところへ、「おい野村、もう一軒行くか」である。野球だけでなく、その生き様も本当に規格外の人だった。だから「カネさんが亡くなった」と聞いた時は信じられない思いだった。

カネさんは日本を代表する大投手だが、「俺が主役」を地で行く、まさにピッチャー向きの性格だった。国鉄スワローズ時代にカネさんとバッテリーを組んでいた根来広光《ねごろひろみつ》に聞いたところ、カネさんがマウンドにいる時は、基本的にノーサイン（サインを出しているフリはしていた）だったらしい。カネさんの持ち球はストレートとカーブだけだったとはいえ、どちらも超一級品の球質だったから、捕るほうもさぞかし大変だったことだろう。

カネさんとはリーグが違ったので、対戦したのはオールスターの時だけだった。最盛期のカネさんのストレートは、160キロ程度は出ていたと思う。そのストレートを打つのは至難の業なのに、カネさんはそのストレートに加えて「お化けカーブ」も持っていた。普通のカーブはどろんと落ちるように曲がるが、カネさんのカーブは一瞬止まってからガクンと急角度で落ちる。もちろん、ボールが途中で止まるわけがないのだが、カネさんのカーブはブレーキの利き具合がすごいから、バッターには一瞬止まっているかのように見えたのだ。私はカネさんに手も足も出なかった。

ところが、パ・リーグ代表として一緒に試合に出ていた近鉄バファローズの土井正博は、カネさんのピッチングを苦にすることなく、いとも簡単に弾丸ライナーのヒットを放っていた。土井は当時、プロ野球史上最年少の18歳4カ月で猛牛打線の四番を張っていた。私はその素質に感服するとともに、「これなら四番を打って当たり前だ」と納得した。「絶対に打てない」と私が思っているのに、弱冠18歳の若者がいとも簡単にヒットを放ってしまう。あの時の衝撃は今でも私の脳裏に深く焼きついている。

話がちょっと逸《そ》れてしまったが、いずれにせよ、カネさんが球史に残るピッチャーなのは間違いない。彼と同時代にプレーできたことに感謝するとともに、心よりご冥福をお祈りしたい。

その左腕一本で大記録を打ち立て、
球界の発展に大いに貢献したカネさん。
野球だけでなく、その生き様も
本当に規格外の人だった

念ずれば
花開く

第5章

上達を導くリーダーのあり方

人を残すのが一流のリーダー

思考と行動は繋がっている。グラウンドで正しいプレーをするには、正しい野球を学ばなければならない。そこで私は、ミーティングで私の野球に対する考え方を選手たちに毎日伝え続けた。

私が監督を務めた4球団のうち、一番ミーティングをしたのはヤクルト時代である。私は常々「一年の計はキャンプにあり」と言い続けてきたが、当時のヤクルトはユマで春季キャンプを張っており、この環境がチームにとってはとてもよかった。

アメリカ・アリゾナ州にあるユマは、日本で言うところの「田舎町」である。夜に遊ぶようなところはまったくない。日中は野球漬けとなり、夜は寝るだけ。監督としての私の考えをミーティングで選手たちに教え込むには最高の環境だった。そのミーティングの成果について触れておきたい。

１９８０年、西武ライオンズでプロ野球を引退し、その後１９９０年にヤクルトの監督になるまでの間、私はテレビやラジオ中継の解説や講演といった仕事をこなしつつ、様々な本を読み漁り、自分の中に知識や情報を蓄えていった。そこで得た知識は、ミーティングをする上では大いに役立った。

そしてその浪人時代、私が講演でよく述べていた言葉がある。それは、「**財を遺《のこ》すは下、仕事を遺すは中、人を遺すは上**」というものである。わかりやすく解説すれば、「ひとつの仕事をして金を残すのは三流、名を残すのは二流、人を残すのが一流である」という意味だ。自分自身も一流を目指すがゆえに、常に心がけてきたことだ。

そういった意味では最近、私もそこそこプロ野球に貢献することができたのではないかと感じている。監督として南海、ヤクルト、阪神、楽天の4球団をわたり歩き、その間に触れ合った当時の選手たちが今、多くの球団で監督やコーチを務めている。２０２０年シーズンの12球団の監督を見ると、その半数が私の元教え子たちである。

本書でもそのうちの何人かの話は紹介しているが、現在の監督（元教え子）をざっと見わたすと次のようになっている。

・**北海道日本ハムファイターズ・栗山英樹**（1990年、ヤクルト）
・**埼玉西武ライオンズ・辻発彦**（1996～98年、ヤクルト）
・**東北楽天ゴールデンイーグルス・三木肇《はじめ》**（1996～98年、ヤクルト）
・**東京ヤクルトスワローズ・高津臣吾《しんご》**（1991～1998年、ヤクルト）
・**阪神タイガース・矢野燿大《あきひろ》**（1999～2001年、阪神　※当時の登録名は矢野輝弘）
・**中日ドラゴンズ・与田剛《つよし》**（2000年、阪神　※当時の登録名は与田剛士）

また、これらの一軍監督の他にも、二軍監督では福岡ソフトバンクホークスの小川一夫、千葉ロッテマリーンズの今岡真訪《まこと》（阪神　※当時の登録名は今岡誠）、日本ハムの荒木大輔（監督兼投手コーチ）、ヤクルトの池山隆寛なども、私とともに戦った選手たちである。

「人を遺す」というのは、監督の大事な役割のひとつである。人間は何を残すかで評価が決まる。そういう意味では、こんな私でも少しは野球界に貢献できたのかなと感じている。

ひとつの仕事をして、
金を残すのは三流、
名を残すのは二流、
人を残すのが一流である

選手の個性を最高に輝かせるのが監督の仕事

人材の適性、力量を見抜き、最もふさわしいポジションに配する。これは野球における監督の大きな役割のひとつである。私の考える、監督がなすべき一番大切なことは**「見つける、育てる、生かす」**である。

野球という競技はとてもよくできていて、９つのポジションそれぞれに適性があり、各ポジションに最もふさわしい人材を適材適所で配置できているチームが、最高の強さを発揮できるようになっている。

その選手の長所・適性を見つけ、心技体を育て、最大の力が発揮できるポジションに配してその選手を生かす。９人の選手それぞれが配されたポジションで生き生きと活躍してくれれば、それは「×9」以上の力を生み出すことを私は知っている。そして長いシーズンを乗り切り、最後の日本シリーズを制し日本一の称号を勝ち取るには、そういった9人の相乗効果によってもたらされるプラスαの力が絶対に必要なのだ。

ヤクルトで監督をしていた時代に「適材適所」で最も輝いてくれたのは、トップバッターとして活躍したセンターの飯田哲也である。

私が監督に就任したばかりのキャンプで、彼はキャッチャーをしていた。だが、走らせると、とても足が速い。そこで私は、「その足の速さがありながらなぜキャッチャーをやっているのか」と飯田に問うと、彼は「高校時代からやっているので」と答えた。

練習時の飯田を見ていて、私は「性格、考え方がキャッチャー向きではない」と感じていた。だから先の問いに続けて、「お前、キャッチャー好きか？」と聞いてみた。するとと飯田は黙り込んでしまった。私は彼に言った。

「お前、明日から野手用のグローブを持ってこい」

飯田は驚いた顔をしていたが、私は「足の速さは親からもらった大切な才能、財産なんだ。その足を生かしたポジションにつけ」と話した。

最初に飯田がついた守備位置はショートだった。その次にセカンドを守らせ、外野もやってみるか、ということでセンターもやらせてみた。すると、このポジションが彼にピタリとはまった。プレーに躍動感が出て、練習でも好プレーを連発したのだ。以来、彼は不動のセンターとして、ヤクルトの日本一に貢献してくれたのはみなさんご存知の通りである。


同時期にヤクルトで活躍した土橋勝征《どばしかつゆき》も、飯田のようにプレースタイルを変えて成功した選手のひとりだ。

土橋は高校時代に長距離砲だったこともあって、プロ入り後もそのスタイルを貫いていた。だが、なかなか芽が出ず、一軍と二軍を行ったり来たり。彼の性格は自己主張が強いタイプではなく、自己犠牲も厭わない脇役に向いた性格だった。だから私は主役（主軸）ではなく、つなぎ役を目指してみるように勧めた。それから彼は自分の持ち味を生かし、一軍に定着。ほどなくしてセカンドのレギュラーとなった。

選手たちはそれぞれに、長所・適性といった持ち味がある。私はいつもその持ち味がどうやったら最大限チームで生かされるかを考えていた。

「その選手が最も輝くには、どうしたらいいのか?」、これを考えるのが監督の仕事であり、ひとりでも多くの選手を輝かせるのが監督としての腕の見せ所でもあるのだ。

指導者が一番になすべきことは
「見つける、育てる、生かす」
長所・適性を見つけ、心技体を育てていく

結果にとらわれる人は成長が頭打ちになる

私はいつも選手たちに「根拠のあるプレーをせよ」と言い続けてきた。だから、そのプレーがたとえ失敗に終わったとしても、そこに正しい根拠があるのならOK。結果に至るまでのプロセスを私は重視し、その方向性さえ間違っていなければまったく構わないと思っていた。

監督時代、私はピッチャーが打たれて負けたとしても、あるいはバッターがチャンスで三振しても、その結果だけを見て選手に文句をつけたり非難したりしないように気をつけていた。

結果はダメだったとしても、そこにしっかりとした根拠があり、なおかつ正しい努力をしているかどうか。プロ野球選手として大成するには、そういったプロセス重視の考え方が大切で、正しいプロセスを経ていれば短期的にいい結果が出なくても、長期的にはいい結果が表れてくるものなのだ。

「**人間は成功すること（結果）より、努力すること（過程）に意義がある**」。現役、**監督時代を通じて私はこのように思ってきたし、これは私の人生観でもある**。プロフェッショナルの「プロ」は、プロセスの「プロ」でもあるのだ。

とはいえ、結果至上主義の今の世の中では、プロセスよりも結果を重視する人のほうが多い。特にプロの世界は「結果がすべて」だと言われる。

しかし先述したように、「結果がすべて」のやり方で短期的にはうまくいっても、いい状態を長くキープし続けるのは難しい。

野球に限らず、どの競技もそうだと思うが、日々の練習、努力というものは単純な作業の繰り返しが多く、面白くないし、退屈である。しかも、努力を続けたからといってすぐにいい結果が出るとも限らない。

それなのに、いつも「いい結果」ばかりを求めていたら、そんなに都合よく結果が出るわけではないので、努力するのがバカらしくなってしまう。だから、今の結果至上主義の世を見わたしてみると、物事を途中であきらめたり、投げだしたりしてしまう人のなんと多いことか。これは「いい結果」ばかりを求めた末の、必然の流れである。

私は選手たちにいつも、「努力には即効性はない」と言っていた。努力したからといって、すぐにいい結果が出るわけではない。しかし、地道な努力を続けている人間と、何もしないで遊んでいる人間とでは、1年、2年後にものすごい差が出てくる。『アリとキリギリス』ではないが、長期的展望に則《のっと》ったプロセスを経ていくことが重要なのだ。

この「プロセス重視」の考え方は、選手の育成だけでなく、監督の育成にも大きな影響を及ぼす。

「組織はリーダーの力量以上には伸びない」と私は昔からよく言っているが、裏を返せば球団は力量のある優れた監督を育てることが必要で、監督が育たなければ優れた選手も育ちはしない。

しかし、近年のプロ野球各球団は世の流れにならって、どんどん「結果重視」の考え方になっている。だから、ちょっと成績が低迷すれば1年、2年で簡単に監督のクビを切ってしまう。

そんなプロ野球界にあって、福岡ソフトバンクホークスは2019年に5年契約を満了した工藤公康《きみやす》と新たに2年間の契約を結んだ。このような長期政権は今のプロ野球界では異例の人事だが、なぜホークスが日本シリーズ3連覇を成し遂げるほど強くなったのか？　他球団はもっとしっかりと考えてみる必要があるだろう。

> 短期的にうまくいかなくても、
> 正しいプロセスを経ていれば
> 長期的にはいい結果が表れてくる。
> 成功（結果）より、努力（過程）に意義を求めよ

トップである人間の根底に必要なこと

スポーツ界、教育界だけでなく、近年では一般の企業などでも「褒めて伸ばす」という教育法が浸透してきている。もちろん、「褒めて伸ばす」というやり方は悪いことではない。でも、プロ野球の世界でそのやり方だけを用いても通用しない（褒め方に関しては後述）。**褒める一辺倒のやり方は、ひと言で言えば甘すぎる。**

私もかつては指導する立ち場にあった人間だが、「褒めて伸ばす」という手法を用いるのは苦手なほうだった。なぜ苦手なのかと言えば、この私自身が幼少期から褒められたことがあまりないからである。

よく、一般的なリーダー論として、「組織を率いるには〝飴《あめ》とムチ〟の使い分けが肝心」と聞いたりもする。だが、私は監督をしていた時代にあまり飴を用いることはなかった。生まれ持っての性格が褒め下手だから、他人を褒めることが上手でないのだ。

ヤクルトが日本一になった時も古田敦也や川崎憲次郎、高津臣吾といった活躍してくれた選手を褒めたりはしなかったし、楽天時代のマー君（田中将大《まさひろ》）がいいピッチングをしても褒めることはなかった。

ただひとつの例外は、阪神時代の新庄剛志《つよし》である。彼のような性格の人間は褒めておだてるに限る。その甲斐あって、彼はチームの主軸として大活躍してくれた。私が阪神の監督をしていた3年目に、彼はＦＡ権を行使してメジャーリーグのニューヨーク・メッツに移籍して行った。褒めて伸ばしていたら気づいたらアメリカまで行ってしまい、当時は本当に驚いたものだった。最近では、「もう一度プロ野球選手になる」と言っているそうだ。なんとも荒唐無稽な挑戦に思えるが、今、もし彼をうまく褒めておだてる指導者がいれば……そう思わせてくれるような不思議な魅力が、彼にはある。

話を戻そう。現役時代から、私の腹の中には常に「プロならできて当たり前だ」という思いがある。だから自分がどんなにいいプレーをしたとしても満足することはなかったし、監督となってからもそんな「プロの目線」で選手たちを見てしまうので「できて当たり前だ」となり、なかなか褒めることができなかった。

それもこれも、きっと私の性格の所為であろう。ある意味、私はずっとムチばかりを使い続けてきたのだ。

私のムチとは、選手を叱り、非難することである。私は昔から「三流は無視、二流は称賛、一流は非難」と言ってきた。プロの世界は一流の集まりであるから、当然私は選手たちを「非難」した。

だが、組織をひとつにまとめていくために、トップである人間がひとつだけ大いに気をつけなければならないことがある。それは、叱るにしろ、非難するにしろ、その根底には「愛情」がなければならないということだ。愛情なき非難ばかりでは、部下の気持ちは離れていく。

余談だが、私は「子育て」でも飴を用いなかった。息子の克則を褒めた記憶が私にはまったくない。

でも、おかげさまで克則はグレることもなく、今では私と同じ道を歩み、プロ野球

（東北楽天ゴールデンイーグルス）のコーチを務めている。

褒めることもなく、真っ直ぐに育ってくれた息子には感謝しているが、一体誰に似たのだろうか？　それだけが疑問である。

叱るにしろ、非難するにしろ、
その根底には「愛情」が必要。
愛情なき非難では、部下の気持ちは離れていく

ヤクルト・高津新監督に真の「信」はあるか？

組織のトップとして、私が昔から最も重要視しているのが「信」である。「信」には信頼、信用、自信などいろいろな「信」があるが、この「信」なくしてリーダーは務まらない。強いチームを作っていくには、部下である選手と理解し合い、信頼の絆で結ばれることが必要である。いい人材を育てていくためにまず必要となるのが、この「信」なのだ。

私は常々「信は万物の基を成す」と語ってきた。何事もこの「信」なくして成り立たず、この「信」を形成するものこそ、その人がそれまでに培ってきた「人間としての力量」である。

2019年のシーズンが終わると、私がヤクルト時代にともに戦ったふたりの選手が新監督になると情報が入ってきた。ひとりは東北楽天ゴールデンイーグルス監督の三木肇、もうひとりは東京ヤクルトスワローズ監督の高津臣吾である。

ふたりとも就任時のインタビューで記者から「野村監督から学んだことは？」と問われ、三木は「野球は間が多く、考える時間のある『頭のスポーツ』であることなど、野球人として、いろいろ学ばせてもらった。それが自分の土台になった」と、高津は「野球の難しさ、奥深さを学んだ」と答えたそうだ。

プロ入り後、先発ピッチャーとしてなかなか芽の出なかった高津に対し、「抑えをやってみろ」と私が命じたのは、彼のプロ入り3年目となる1993年のことだった。

彼は最大の武器だったシンカーに磨きをかけ、当時の球団新記録となる20セーブを挙げ、ヤクルトのリーグ優勝、そしてその後の日本シリーズ制覇に大いに貢献してくれた。以降の彼のクローザーとしての活躍は、私がここで語るまでもないだろう。

高津が日本を代表するクローザーへと大成長を遂げたのは、紛れもなく彼が「考える野球」をできる選手であったからだ。

だが、正直に申せば「高津がヤクルトの監督に就任する」と聞いた時は、「高津が監督なんてできるのか？」とちょっと心配になった。とはいえ、彼がヤクルトの二軍監督を3シーズンにわたって務めてきたことは知っているから、監督としての基礎のようなものはすでに出来上がっているのかもしれない。

人としての力量は一朝一夕に出来上がるものではないし、小手先のテクニックでごまかせるものでもない。**常日頃から物事に真摯に取り組み、己の力を蓄えていくことで、周囲からの「信」をちょっとずつ得ていくことができる。**その「信」の積み重ねこそが「人間としての力量」となる。

私が知らないだけで、高津は二軍監督時代に選手たちから「信」を得ていたのだろう。新たなシーズンに臨むにあたり、その「信」は真の「信」なのかどうか、注目したい。

新たなシーズンを迎えるにあたり、現状のセ・リーグの6球団を見ると、力的に飛び抜けたチームはない。高津にとって、これは大きなチャンスと言っていい。かつてのヤクルトのように、ちょっと頭をひねって上手にやりくりすれば、前年最下位のチームであっても十分に優勝は可能だと思う。

高津には「弱いチームを強くするのは楽しいぞ」と言ってあげたい。野球は頭のスポーツである。頭を使えば弱者が強者になれる。それが野球というスポーツの醍醐味なのだ。

強いチームを作るためには、部下である選手と理解し合い、信頼の絆で結ばれることが必要である

ソフトバンクホークスはなぜ強いのか？

組織を強くする上で、トップの役割は極めて重大だ。

2019年の日本シリーズは、福岡ソフトバンクホークスが4勝0敗の圧倒的な強さで読売ジャイアンツを下し、日本一の栄冠に輝いた。

ジャイアンツを相手にホークスが4タテを食らわすことができたのは、第1戦目の先発・千賀滉大と、第2戦の先発・高橋礼がしっかりと流れを作り、ジャイアンツにつけ入る隙を与えなかったからだろう。

特に第1戦の千賀－甲斐拓也のバッテリーの、坂本勇人と丸佳浩《まるよしひろ》に対する配球の組み立ては実に見事だった。

坂本と丸はジャイアンツの得点源であり、日本シリーズのような短期決戦では、こういったキーマンをいかにして抑えるかが勝利へのカギとなる。千賀－甲斐のバッテリーは、坂本と丸のインコースを徹底的に攻め立てた。そしてこのやり方が功を奏し、ホークスは最後まで坂本と丸を封じ込めることに成功したのである。

そもそも、千賀も甲斐も「育成枠」でホークスに入団した。ホークスは早くから独自に三軍制度を用い、育成選手をじっくり育てるシステムを構築していた。こういったシステムが崩れることなく長く続いているからこそ、ホークスは強くなったと言える。その軸となっているのが王貞治会長である。王の存在がなければ、長期的な展望に則った人材育成システムを続けてくることは不可能だっただろう。

ホークスの強さの秘密を紐解いていくと、王の存在に行き着くわけだが、その王が思うように球団運営ができているのは、孫正義《そんまさよし》オーナーがいるからだ。

聞くところによると孫オーナーは、王に「野球のことはお任せします」と全権委任しているのだという。王に「歴代のオーナーで、これだけお金を出して、口を出さない人はいない」と言わしめる孫オーナーの存在抜きにして、ホークスの強さは語れないと言っていい。

孫オーナーのような存在が今、他球団にいるだろうか？　金は出さないけど口は出す。そんなオーナーばかりではないか。このような状況では、ホークスと他球団の差は広がっていく一方となろう。

私がヤクルトの監督をしていた時代、チームを強くした真のMVPは、選手でも監督だった私でもなく、当時の球団社長だった相馬和夫氏だと断言できる。

1992年のドラフト会議において、私は松井秀喜を獲るか、伊藤智仁《ともひと》を獲るかで編成部と揉めたことがあった。

私は監督として長いシーズンを、「相手を0点に抑えれば負けることはない」というのを基本スタンスとして戦ってきた。つまり、「野球はまずピッチャー」だと考えてきた。だからドラフトなどでも、「何はさておき、まずはピッチャー」と考える。特にいいピッチャーを見つけた時はなおさらである。

この時のドラフトはその「なおさら」だった。私は伊藤がバルセロナオリンピックの日本代表メンバーとして活躍する姿を見て、「これだ」と思った。彼の投げるスライダーは超一級品だったからだ。編成部は松井を押してきたが、私は「1位は伊藤」と譲らなかった。

その時である。相馬社長が「つべこべ言わず、監督の言う通りにしなさい!」と編成部を一喝してくれた。この鶴の一声で伊藤を1位指名することが決まり、3球団競合の末、めでたくヤクルトが交渉権を獲得することができたのだ。

これ以外にも、相馬社長は、「野村さんの好きなようにやってください」というスタンスをずっと崩さなかった。相馬社長なくして、90年代のヤクルトの隆盛はなかった。

強い組織には、現場を信頼し、
全権を任せてくれるいいトップが必ず存在する

トップの考え方が浸透すれば組織は必ず強くなる

私が注力していたのは、「ひとりでも多く、私の考えを理解している選手を増やす」ことだった。だから、「本当に理解しているかどうか」の確認作業を常に怠ることはなかった。

2019年の日本シリーズ第4戦に勝利し、日本一を決めた後の勝利監督インタビューで、監督の工藤公康は「あらためて野村さんのすごさを実感しました」と言った後、こう続けたそうだ。

「自分の考えや思いを、しっかり選手に伝えるのはこんなにも大変なことなのかと。

一度伝えたからって、そう簡単に選手たちに理解してもらえるものではない。何度も何度も繰り返して、選手たちが実感してくれた時に、ようやく伝えたいことが伝わるんです。それをきちんと選手たちに伝えた野村さんは『やっぱりすごい方だな』と思いますね」

ここまで持ち上げられると照れ臭いやら恥ずかしいやら。しかし、私と工藤とではちょっと立場が違う。工藤は出来上がったチームをそのまま受け継いでいるが、私はいつも「弱小チーム」、ゼロからのスタートだった。そこが決定的に違っていることだけは申し上げておきたい。

とはいえ、工藤が言っている「伝えることの難しさ」はまったくその通りで、私が監督を続けている間も「どうやったら選手に伝わるか」という点に最も力を注いでいた。

過去、プロ野球の監督が「私はミーティングはあまりしません」と話しているのをメディアなどを通じて幾度か見かけたことがある。私はそういった話を見聞きするたび、「それでよくペナントレースを戦えるな」と首を傾げた。

「ミーティングをしない」。そういったやり方は、その時のチームカラーに合えば短期的には成功を収めることがあるかもしれない。でも、しっかりとしたビジョンを持ってチーム作りをしていくためには、選手たちに監督の考え方を理解させることは絶対的に欠かせない要素と言えよう。2019年にホークスが成し遂げた「日本シリーズ3連覇」という偉業を見ても、それは明らかである。

長いシーズンを戦っていく上で監督のなすべきことは、「1に確認、2に確認、3、4がなくて、5に確認」である。

選手に伝え、確認する。そして伝わっていなければ「どうやれば伝わるか?」を再び考える。選手たちは一人ひとり、個性も異なれば、考え方も異なる。ある選手には「A」という説明で通じたとしても、それが他の選手に同じように通じるとは限らない。だからそんな時は「B」、あるいは「C」といろいろな伝え方を考えながら、選手それぞれと接していく必要がある。そういった作業を抜きにしてチームを運営するということは、私には監督としての責任を放棄しているようにしか思えない。

強い組織を作るには、
リーダーの考え方を理解させること。
それには、1に確認、2に確認、
3、4がなくて、5に確認

人としての厚みを増したいなら本を読もう

人の心を動かすにはまず「言葉」を知らなければならない。

私はもともと口下手な人間で、今のようにマスコミに対してリップサービスができるような人間ではなかった。そんな私が人前で苦もなく話せるようになったのは、人生の師とも言える方との出会いと、その後の己の修練によるものに他ならない。

私の人生の師、それは戦後を代表するジャーナリストであり、評論家としても知られる草柳大蔵《くさやなぎたいぞう》さんである。

1977年に南海ホークスから兼任監督を解任された私は、このままプロ野球界から退くべきか、現役を続けるべきか迷っていた。すると、妻の沙知代が「絶対にためになるから会ってきなさい」と、知人を介して草柳さんを紹介してくれた。

草柳さんのお宅を訪ねて、まず驚いたのが、図書館と見紛うほどの蔵書数を誇る書斎だった。壁という壁に書物が並び、机の上にも本が積み重なっている。草柳さんの話は、今まで野球しかしてこなかった私には知らないことの連続だった。しかし、草柳さんは無知な私にもわかるように、いろいろなことを噛み砕いて話してくださった。

会話の最中、草柳さんが「生涯一書生」という禅の言葉を教えてくれた。人間はどんなに年を取ろうとも、あるいはどんなに偉くなろうとも一生涯勉強していくことが大切であると、草柳さんは説いてくれた。

このお話を伺い、私は「そうか。私も『生涯一捕手』として、声をかけてくれる球団がある限り現役を続けよう」と心に誓った。そしてその後、ホークスを退団した私に声をかけてくれたロッテオリオンズに移籍することが決まった。


草柳さんからはたくさんのことを教わったが、「とにかく本を読みなさい」と読書を勧められた。草柳さんとお会いし、私は自分がいかに無知だったかを思い知った。そして、そこから私は暇さえあれば本を読むようになり、自分の生き方を少しずつ変えていった。

現役を引退した後、私は解説の仕事と並行して、全国各地で講演をするようになった。講演もはじめたばかりの頃はまったくうまくいかなかった2時間で依頼されていた講演が、自分ではすべて話し切ったと思い、息をつきながら時計を見ると、たったの15分しか経過していなかった時には、冷や汗が止まらなくなった。「プロ野球の現場のほうがまだ楽なのに」と、その場から逃げたい衝動に駆られたものだった。

しかし、回数を重ね、さらに読書から得た知識、名言を話の中に交えていくうちに、だんだんと講演らしくなっていった。そして、気づけば我が家の電話は、講演の依頼で朝から晩まで鳴りっぱなし。妻が寝間着を着たまま一日中電話番というような時もあった。

解説の仕事も講演も地方に赴くことが多かったため、その移動時間に私は草柳さんとの約束を守り、とにかく本を読んだ。東京駅周辺の書店で本を数冊購入し、それを出張している間に読破する。そういった生活が「監督・野村克也」の礎を作ってくれたと、今あらためて思う。

ジャンル、カテゴリーにとらわれず、様々な書物を読み、知識、情報、言葉を自分の中に蓄積していく。そうすることで人としての厚みが生まれ、発する言葉にも重みが出てくるのだ。

人の心を動かすには
「言葉」を知らなければならない。
本を貪るように読んだ生活が
「監督・野村克也」の礎を作った

生涯一捕手

第6章

上達を導く教えの秘訣

上達の鍵を握る「無形の力」をいかに教えるか

才能で劣る人間が強い人間を倒すためには、「有形の力」ではなく「無形の力」が必要である。私が監督として選手たちに伝えてきたことの大半は、この「無形の力」の養い方だったと言っても過言ではない。

「有形の力」とは、投げる、打つ、走るといった目に見える力のことで、強いチームにはこのような「有形の力」を備えた選手がたくさんいる。しかし「有形の力」には限界があるから、長いシーズンをこの力だけで戦っていくとなると浮き沈みも激しくなる。一方、**私が推奨する「無形の力」は、人間の持つ限界のない力、わかりやすく言えば「考える力」であり、「察する力」のことである。**

私の考える「無形の力」には観察力、洞察力、判断力、決断力、記憶力などが含まれる。さらにデータを収集・分析して活用する力も「無形の力」と言えるだろう。

プロ野球選手は深く思考する人、あるいは確固たる人間哲学を持った人が少ないが、少ないからこそ「無形の力」を持つことで、弱いチームでも強いチームに勝つことができる。

「無形の力」は技術力、体力などと異なり限界がない。つまり無限であるから、磨けば磨くほど研ぎ澄まされ、大きく育ち、それは強者を倒すための武器となる。


私が毎日のミーティングで選手たちに伝えていたのは、「いかに『無形の力』を養うか」である。毎日、選手たちに知識、知恵、情報といったものをちょっとずつ伝えていくわけだが、こういった地道な作業によって、選手たちの中に気づかぬうちに「無形の力」が育まれていく。

指導者が「自分は選手に伝えた」と思っていても、実は選手には伝わっていなかった（理解されていなかった）ということが往々にしてある。だから私は毎日、選手たちに思いや考えをしつこいほどに伝え続けた。そういったことをしない監督は、私に言わせれば職務放棄以外の何ものでもない。練習後、疲れている中でも、私はホワイトボードに自分の考えを記し、その都度選手に確認する、ということを続けた。伝え続けたのは「無形の力」の考え方である。

選手たちの中に「無形の力」が養われていくと、それは同時に選手たちの「気」を育むことにもつながっていく。

この場合の「気」とは、「やる気」「勇気」「負けん気」といったいずれも勝負事には欠かせない「気」である。「俺たちでもできる」「こうすればいけそうだ」といった気持ちを醸成させていったのだ。こうした「気」がやがて執念や執着心に変わり、さらには興味や好奇心へと変化していく。長いシーズンを戦っていく上で、これらの要素はいずれも欠かせないものである。

私は常々、「弱いチームを強くしてこそ本当の指揮官である」と考えてきた。そしてその根幹をなしていたものこそ「無形の力」なのだ。

「無形の力」は強者を倒すための武器となる。
その力を選手たちの中に
養わせるのが本当の指揮官

いい方向へ変化させるアドバイスとそのタイミング

これは会社と同じで、選手の心を動かすには、ピンポイントで刺さる言葉をかけることが重要となる。通り一辺のアドバイスをしているだけでは、部下は上司の思い通りには動いてくれない。そこで最も肝心になってくるのは、部下の性格や習性を見抜き、一番理解してもらいやすい表現を用いることである。

ここで、私が阪神タイガースで監督をしていた時代に、何人かのピッチャーにかけたアドバイスをご紹介したい。

先発左腕として活躍した井川慶《いがわけい》は、私が就任した当初、ボールは速いがコントロールが悪く、一軍になかなか上がれずにいた。

井川は賢く、責任感も強いタイプだった。だからゲーム中にバッターへの攻め方やボールカウントなどに意識が行きすぎて、制球が乱れがちになっていた。

井川と雑談をしている際、彼がダーツが趣味だというのを聞き、私は「だったら何も考えないで、キャッチャーのミットをダーツの的だと思って投げろ」と言ってやった。確かそう言ったのは巨人戦の前だったと思うが、彼はその試合で完投勝利を挙げた。そしてその後は、ローテーションの一角を担うようになった。

入団1年目に中継ぎ、抑えで大活躍し、10勝7敗9セーブを記録した福原忍《しのぶ》も井川同様、150キロを超えるストレートを持っていたが、シーズン当初はコントロールが悪かった。その原因は、あまりにもコントロールを意識しすぎているからだった。キャッチャーのサイン通り、構えた通りに投げなければという思いが強すぎて腕が縮こまり、制球を乱すだけでなく、持ち味のストレートの球威も落ちてしまっていた。

だから福原には、「キャッチャーはいないものと思え。お前はただ思い切り投げればいい」と言った。すると、徐々に福原は持ち前の球威を取り戻し、新人ながら素晴らしい記録を残してくれた。

最後にもうひとりだけ、思い出深いピッチャーの話をしておきたい。それは、「松井キラー」として活躍し、カムバック賞にも輝いた遠山奬志《しょうじ》である。

遠山はドラフト1位でタイガースに入団し将来を嘱望されるも、その後は故障などにより調子を落とし、千葉ロッテマリーンズへトレードされた。彼はマリーンズでもピッチャーとして芳しい成績が残せなかったため、途中で打者に転向したりもするが、それでもなかなか芽が出ず、移籍7年目に戦力外通告を受けた。

現役続行を希望していた遠山は、運よく当時の吉田義男監督に入団テストで拾われ、古巣のタイガースに復帰を果たした。

私がタイガースの監督に就任したのは、彼が復帰して2年目のことである。復帰1年目のほとんどを二軍暮らしで終えていた遠山に、私はスタイルを変えることを要求した。私が彼に要求したのは、次の3点だった。

「サイドスローに変えろ」

「ワンポイントリリーフを目指せ」

「シュートを覚え、左バッターのインコースを攻めろ」

これだけの要求をされれば、普通のピッチャーなら戸惑うだろう。きっと遠山も、当時もっと若かったとしたら、私のこの要求をはねつけていたはずである。しかし、その時の彼はいつクビになってもおかしくない瀬戸際にあり、「まだ現役を続けたい」という執念を誰よりも持っていた。だから私の要求を素直に受け入れ、積極的に変わろうとしてくれた。そしてその結果、彼はワンポイントリリーフとして一軍のマウンドで復活を果たし、カムバック賞を受賞するに至ったのである。

その選手をいい方向に変化させるには、そのために最もふさわしい言い方、タイミングがある。そういったことをしっかりと見極めるのも、指導者の大切な仕事なのだ。

相手の心を動かすには、
その性格や習性を見抜き、
一番理解してもらいやすい表現を用いる

現場で起こる結果の全責任を負う覚悟を

私は選手を起用する時、選手を自分の好き嫌いで選別することだけはやめようと心がけていた。

自分と相性のいい人、媚びへつらってくる人を重用したくなるというのはビジネスの世界でもあるだろうが、プロの世界でも意外と多い。しかし、そんなことをしていたら、実力があるのに使ってもらえない選手は腐ってしまう。これでは強いチームを作るなど望むべくもない。

だから私は「好き嫌いだけの選手起用は絶対にやめよう」と決めていたのだが、中には「こいつはわざと俺に嫌われようとしているのか？」というような対応、言動を取ってくる選手もいる。その代表格が南海ホークスでプレイングマネージャーをしていた当時、プロ入り2年目で東映フライヤーズから移籍してきたピッチャー、江本孟紀《たけのり》である（フライヤーズでの1年目、彼は0勝4敗の成績だった）。

当時の江本は、首脳陣の批判は平気でするし、それが球団の批判にまでエスカレートすることも珍しくはなかった。ただよくよく分析すると、マスメディアを通じて見聞きした彼のコメントは、批判というよりボヤキに近く、根本的には私と似ているタイプだと思った。

こういったタイプは私も同じだからわかるが、周囲から誤解を受けやすい。けれども、道理をしっかりと説明すれば理解してくれるタイプでもある。そこで私は最初の一歩が肝心だと思い、キャンプ前の合同自主トレで初めて顔を合わせた時、江本にこう言った。

「俺がお前のボールを受ければ、軽く10勝できるで。だから今日からエースナンバーをつけろ」

こう言って、背番号16のユニホームをわたした。

すると彼は新天地で発奮し、ホークス移籍1年目にしてプロ入り初の二桁勝利、しかも背番号と同じ16勝を挙げた。この時、私は「やはり、選手を生かすも殺すも監督次第なんだな」と自らの重責を再認識した。

選手の力を十二分に引き出すには、選手に対して「グラウンドで起こる結果の全責任は監督にある」とまずは理解してもらうことだ。

「クビになるのはお前ではなく、お前を使った俺だ」
「責任はすべて俺にあるから、お前は100%の力で思いっきりやれ」

こういう言葉をかけてあげれば、選手はやる気を出してくれる。特に伸び悩んでいる選手にはこういった声がけが有効である。

選手の長所、短所を知り、そこで的確なアドバイスや指示を出す。そういったことを繰り返していくことで監督と選手の間に信頼関係が育まれていく。この信頼関係なくして、選手を動かす言葉を発することはできないのだ。

選手を生かすも殺すも指揮官次第。
長所、短所を知り、
的確なアドバイスや指示を出す。
その言葉が選手の伸びしろを広げる

世界のホームラン〝王〟を生み出した名伯楽

王が「世界の王」となったのは本人の努力の賜物以外の何ものでもないが、私は打撃コーチの荒川博さんの存在抜きに、偉大な世界記録は生まれなかったと思っている。

先述したように、現役時代、私は通算657本の本塁打を打ち、これは日本プロ野球歴代2位の記録となっている。1位はもちろん「世界の王」としておなじみの王貞治である（通算本塁打868本。これは世界記録でもある）。

現役の頃は、私がシーズン通算本塁打記録を打ち立てれば（52本）、すぐに王に抜かれ（55本）、三冠王を私が一度獲ったら、王は二度獲るなど、次々とおいしいところを彼に持っていかれていた。当時は「またか」と腹立たしく感じると同時に、心のどこかで「俺はそういう星の下に生まれたんだな」とあきらめにも似た気持ちがあったのも事実である。

私が王を初めて見たのは、早稲田実業高校のエース兼主砲として甲子園で活躍していた時である（私はその頃、プロ入り3〜4年目）。王は1年生ながら夏の甲子園で活躍。続く春のセンバツでの優勝に貢献し、その後も4期連続甲子園出場を果たすなど、当時の高校球界で一番注目されている選手だった。

投打ともに高校生離れした力を持っていた王だが、プロ入り後は打者に専念することとなった。プロ入り1〜3年目の王は、打率は2割台中盤、ホームラン数は10本台とそこそこの成績を収めていた。しかし、甲子園のスターとして鳴り物入りで入団してきただけに周囲の期待は高く、当時の首脳陣（水原茂さん、川上哲治さんなど）は物足りなさを感じているようだった。

そんな王が覚醒したのは、プロ入り3年目のシーズンオフに荒川博さんが巨人の打撃コーチに就任し、「一本足打法」を伝授されてからである。

今となってはご存知の方も少ないだろうが、荒川さん自身も現役当時は一本足打法だった。当時は「バッティングにタメができれば金が貯まる」と言われており、この私も軽く足を上げて打つタイプだったし、大毎オリオンズで活躍した山内一弘さんもそうだった。あの頃は足を上げてタイミングを取るバッターは多かったが、王のように完全に一本足になるバッティングフォーム（フラミンゴ打法）は非常に珍しかった。

ジャイアンツのV9時代の監督である川上哲治さんは、王に何度か「一本足を止めるように」と言ったらしいが王は聞く耳を持たず、自身のスタイルを貫いたそうである。

荒川さんのアドバイスと王の強固な意志があったからこそ、前人未到の世界記録は達成されたのだろう。

世界を代表する結果を残した理由とは、本人の努力に加えて、よき指南役が傍にいてくれたから

褒めるコツ その1
——間接的な褒め方をする

監督と選手をつなぐ最大のコミュニケーションツールは「言葉」である。監督の発する言葉はうまく使えば選手から信頼を得ることにつながるが、一歩間違えれば反感を買い、チームの和を乱す原因となる場合もある。

選手とコミュニケーションを取るにあたり、私が最も苦手としていたのが先述した「褒める」という行為だ。

私は人生で褒められたことがあまりないので、相手をどう褒めればいいのか、いつ褒めればいいのかなどが、よくわからなかった。ただ、そうは言っても褒められて悪い気のする人間はいない。だから**組織のリーダーたるもの、時に「褒める」というツー**

ルを上手に使い、部下のやる気を引き出していくことも重要である。

直接的に選手を褒めることが苦手だった私は、実を言うと間接的に選手を褒める方法をよく用いていた。

試合後の記者会見や囲み取材で選手を褒める。そうするとテレビや新聞を通じて、選手は私が褒めていたことを知る。こういった間接的な褒め方は、時に直接言う場合より効果を発揮したりする。これは私の経験から導き出された方法でもある。

プロ入り3年目の春季キャンプで、私は初めて一軍のキャンプに帯同できた（この時は前年にリーグ優勝していたこともあり、そのお祝いとしてハワイでキャンプが行なわれた）。

先輩たちはハワイでのキャンプということで、練習が終われば連日夜の街に繰り出しどんちゃん騒ぎ。しかし20歳そこそこの私は、「このチャンスを逃してはならない」と遊びにも行かず、ひたすら練習漬けの日々をすごした（そもそも、遊びに行くような余分なお金も持ち合わせてはいなかったが）。

この時のキャンプではキャッチャーが3人参加しており、私は3番手の立ち場だった。するとキャンプの中盤、レギュラーだった1番手が肩を痛め、さらに2番手が毎晩飲み歩いているものだから鶴岡一人監督の逆鱗《げきりん》に触れた。そしてある日の練習試合で「おい野村、先発でいくぞ」と、私が先発捕手に指名されたのである。

日頃の努力の成果か、その試合で私は打ちまくった。その印象がよかったのか、以降のほとんどの練習試合でも先発マスクを被らせてもらった。

ハワイキャンプが終わり、日本に帰国した翌朝、私はスポーツ新聞に載っていた鶴岡監督のコメントを見て驚いた。そこには「今回のハワイキャンプは失敗だった。ただひとつの収穫は、野村に使えるメドが立ったことだ」と書いてあった。

滅多に人を褒めることのない鶴岡監督のこのコメントに私は歓喜した。この3年目のシーズンに私はレギュラーに何とか定着することができ、翌4年目にはホームラン王を獲得することになる。

誰かほかの人の口を通じて、間接的に相手の耳に褒める言葉を届けたほうが、直接伝えるよりははるかに効果を及ぼす場合がある、このことを知っておいて損はないと思う。

部下のやる気を引き出すには、
間接的に相手の耳に褒める言葉を
届けたほうが、直接伝えるより
はるかに効果を及ぼす場合がある

褒めるコツ その2
——みんなの前で褒める

前項では間接的な褒め方をお話ししたが、本項ではもうひとつの褒め方のコツをお教えしよう。これも私の実体験から来ている褒め方である。

あれは、二軍で毎日練習に明け暮れていたプロ入り2年目のことだ。

是が非でも一軍入りを果たすために、私は1年目以上に筋力トレーニングとバッティング練習に励んだ。しかし今の時代とは異なり、当時はピッチングマシンなどもなかったし、ビデオを見て相手ピッチャーの研究をしたり、あるいは自分のバッティングフォームをチェックしたりするなどという方法もなかった。誰にも迷惑をかけず、ひとりでできる練習と言えば筋力トレーニングと素振りぐらいのものだった。だから私は、来る日も来る日もひたすらバットを振り続けた。

日が暮れても、寮の中庭で私が狂ったようにバットを振っているものだから、当時の先輩たちからは、「よう野村、バットを振って一流になれるならみんな一流になっとるわい」とよくからかわれたものだ。

そんなある日、二軍の松本勇《いさむ》監督が練習中に野手全員を集め、「手のひらを見せてみろ」と言った。先輩選手たちが手のひらを見せると監督は、「なんだ、この女の子みたいにきれいな手は！」と一喝した。

これは手のひらの「マメ」の検査だった。普段、素振りをしてマメができているかどうかを確認したのだ。連日連夜、バットを振り続けていた私の手はマメだらけで、ミットのようにごつくなっていた。

私の手を見た監督は、「おお、お前はようバットを振っているな。みんな、野村の手をしっかり拝め。これがプロの手だ」と言ってくれた。

松本監督に褒められたのはこの時が初めてで、私はとてもうれしかった。しかも、私を日頃からかってきた先輩選手たちの前で褒められたのでうれしさも倍増である。

私は以降、それまでにも増してバットを振り続け、関西ファームリーグ（現・ウエスタンリーグ）で打率部門2位となる3割2分1厘という好成績を残すことができた。

この好成績があって、私は前項で述べたハワイキャンプに帯同できることになった。

1対1で褒められるのと、みんなの前で褒められるのとでは、同じ内容でも響き方がまったく違う。みんなの前だと、監督からの評価がお墨つきを得るような印象となり、受け取る側のうれしさが2倍にも3倍にもなるのだ。上の立場の人たちにはぜひ覚えておいてほしい褒め方である。

みんなの前で褒められると、
受け取る側のうれしさが
2倍にも3倍にもなる

力んでいる選手に「力を抜け」という誤り

重要な局面に対峙した時に、人は誰でも多かれ少なかれ緊張するものである。仕事でも大きな商談時や、就職の面接試験などは緊張するのではないだろうか。野球で言えば、「ここでヒットを打てば逆転勝ち」「ここを抑えれば勝利」という緊迫した場面で、選手はいい結果を求めるあまり、どうしても緊張してしまう。

緊張して体がガチガチになっている選手、あるいは気持ちが高ぶりすぎて力みまくってる選手に対して、「力を抜け！」とか「楽に、楽に」と声をかけている指導者をよく見かけるが、そんな声がけで選手の状態が普段通りに戻るなら誰も苦労はしない。

そもそも、ガチガチに緊張している選手は自分がどれだけ緊張しているのか、あるいは力んでいるのかを自覚していない。そんな選手に対して「力を抜け」「楽に楽に」と言ったところで、言われた選手は「どこの力を抜けばいいの?」「どこを楽にすればいいの?」と思うだけである。

このような上辺だけの声がけしかできない指導者は、物事をしっかりと突き詰めて考えていないから、そのような発言をしてしまうのだろう。私から見れば「力を抜け」「楽に楽に」と声がけしている指導者は、「私はダメな指導者です」と声高に叫んでいるに等しい。

では、どうすればいいのか?

野球を、スポーツを、あるいは人間そのものを突き詰めて考えていけば、重要な局面でどのような声がけが有効なのかは、ある程度わかってくる。

バッターにしろ、ピッチャーにしろ、力みというのは上半身に出やすい。だが、運動の基本を成しているのは下半身である。だから私は、**力んでいる選手に対して、下半身に意識がいくような助言をするようにしていた**。私が緊張している選手、力んでいる選手に対してかけていた言葉はこうである。

「膝を柔らかく、柔らかく」

膝がガチガチに固まっていると、その固さが動きの硬さとなって体全体に伝播《でんぱ》し、それがプレーに悪影響を与える。硬さの元を断つために「膝を楽に使いなさい」という意味で「膝を柔らかく」と声をかけていたのだ。

また、指導者の中には、選手の長所を伸ばせば、短所も徐々に消えていくというようなことを言う人もいるが、私はそれは間違いだと思っている。

私の信条は「長所を伸ばすには、短所を鍛えろ」である。

プロ入り当時の私は身長も低く、力も大してない、足も速くないなど、短所ばかりの選手だった。だから私は誰よりも走り、誰よりも筋力トレーニングに励み、誰よりも素振りをして自らの短所をカバーする練習に時間を費やした。

「長所を伸ばす」というやり方は幼少期の子どもの教育にはいいかもしれないが、その道で食っていこうと思ったら、**短所を克服しなければ自らの長所も生きてこない**。長所を生かしたいなら、まずは短所を鍛えていかなければいけないのである。

運動の基本を成しているのは下半身。
力みを抜くには、上半身が
力んでいたとしてもまずは膝を
リラックスさせることが重要である

理をもって接する。
理をもって戦う

最終章

日本プロ野球界に、私が最後に伝えたいこと

野球界よ、もっと謙虚であれ

野球界のすそ野を広げるには、子どもたちの野球の競技人口を増やしていくしか方法はないというのは、私のみならず、野球関係者みなが思っていることだろう。

日本の子どもの野球の競技人口（小学生と中学生の野球人口）は2010年から減少しはじめ、今では10年前の3分の2以下になっているという。

日本高等学校野球連盟（日本高野連）が2019年に発表した加盟校数と部員数の集計では、硬式野球の部員数は前年より9317人減少し、14万3867人となり、部員数の減少は5年連続になるという。

野球少年たちの競技人口が減っているのは、少子化の影響のほか、野球ができる環境と時間の減少、プロ野球中継の減少、競合するスポーツの増加などいろいろな要素が複合的に絡み合っているのだろう。とにかく、昭和のような野球一択の時代はもうとっくに終わっている。

以前、Jリーグ初代チェアマンの川淵三郎さんとお話しする機会があり、川淵さんは「野球にはかないませんよ」と謙虚におっしゃっていた。しかし、競技人口はとっくの昔からサッカーに負けている。野球界がこのまま手をこまねいているだけでは、サッカーとの差は開いていく一方である。

野球の指導者になるためには、Jリーグのようなライセンス制度を取り入れたほうがいいと思っていたが、ようやく野球界も重い腰を上げ、2023年より、まずは学童野球（小学生の軟式野球）から公認スポーツ指導者制度が正式にスタートするという。

私が社会人野球のシダックスの監督を務めていた時代、指導者研修会なるものに参加したことがある。全国の社会人野球の指導者を集め、講師などを招いて研修会を行なうのだが、こういった「野球を学ぶ」という姿勢こそ、プロ野球界が見習うべきものだと思った。

オープン戦などで他チームのグラウンドに行くと、試合の前に相手の監督やコーチから采配や戦術、あるいは選手たちへの指導法などに関する質問攻めに合うこともしばしばだった。私はそこで、社会人野球に携わっている人たちのほうが、よほどプロ野球人よりも貪欲に野球を学ぼうとしていることを知った。

聞くところによると、プロ野球界もいよいよ危機感を感じてきたようで、プロのOB選手などによる野球教室は全国各地で頻繁に開かれているそうだ。

私もヤクルトで監督を務める直前に、港東《みなとひがし》ムースという少年野球(リトルシニアチーム、オーナーは妻の沙知代だった)の監督を務めたことがあるから、子どもへの指導の難しさは痛感している。

子どもたちは野球の「や」の字も知らないでチームに入ってくる。そこで指導者が下手なことを教えれば、当然のことながら選手も下手になる。野球教室に参加しているプロのOB選手たちも、きっと子どもへの指導の難しさは感じているはずである。

今現在、学童野球、少年野球に携わっている人たちだけでなく、私のようなプロ野球OBも新たな情報、知識を身につけて、子どもたちを指導していく必要があると思う。

「老いたるものこそ学べ」の精神で、
プロ野球は子どもたちの野球競技人口を
増やしていく努力をするべきだ。
それが野球離れを食い止める基盤になる

今、高校球児に伝えたいこと

本書でも述べてきたように、私がプロ野球選手になろうと思ったきっかけは「金持ちになって、母に楽をさせてやりたい」という気持ちからだった。だが、もうひとつ、実はその裏に私なりの夢があった。それは、「高校野球の監督として故郷に戻って来たい」というものだ。

私は京都の田舎町である丹後で生まれ育った。中学から野球をはじめ、そのまま市内の峰山高校に進み、そこでも野球を続けた。しかし、単なる田舎町の高校である。野球部の部員は10人そこそこで、大会に出ても1回戦負けが当たり前の弱小チームだったのは述べてきた通りである。甲子園に出るのは京都市内の強豪校ばかりで、丹後のような田舎から甲子園に行く高校はなかった。だからこそ、丹後に戻って高校野球の監督をし、甲子園出場を果たしたいと思っていたのだ。

私はプロ入り当初、ホークスをクビになったら母校の峰山高校に監督として戻ろうと思っていた。丹後の高校で甲子園出場を果たし、故郷に錦を飾りたいと本気で思っていたからだ。

その後も、私はプロの4球団で監督をした他に、社会人のシダックス、さらにヤクルトの監督を引き受ける直前に少年野球の監督をしていたこともある。そうなると、残るは高校野球だけである。大好きな甲子園の高校野球をテレビで見ながら、いつも「高校野球の監督をやりたいな」と思っていた。

1980年代に「やまびこ打線」として徳島の池田高校が全国に名を馳《は》せたが、当時の監督だった蔦文也《つたふみや》さんはプロ野球（東急フライヤーズ）の出身者だった。当時、甲子園のテレビ中継で蔦監督が映し出されるたび、私には蔦監督がうらやましくてしょうがなかった。「蔦さん二世になりたい」と思ったこともある。

と言っても、甲子園に出る、出ないに関係なく、高校野球は球児が一生懸命プレーするところに私は魅了される。球児が白球を追う姿に勝るものはないし、これからの時代、様々な変動はあるかもしれないが、この文化だけはずっと続いてほしい。

高校球児のみなさんには、**「こうなりたい」という明確な夢を持ち、それに向かって邁進《まいしん》してほしい。**今しかない時間を大切に、精一杯チャレンジをしてほしいと願っている。チャレンジ精神がなくなったら、人生は終わりである。やる気さえあれば、やり直しは何度でもできる。若い世代の方々には失敗を恐れずに、どんどん新たなことにチャレンジしてもらいたい。

> 高校球児が白球を追う姿に勝るものはない。
> 今しかない時間を大切に、
> 精一杯チャレンジをしてほしいと願っている

名捕手不在の状況を打ち破る選手はいるか？

キャッチャーというのは、肉体的にとてもハードなポジションである。9人のプレーヤーの中で一番苦労の多いポジションなのは間違いない。しかも、好リードをしてチームに勝利をもたらしたとしても、ヒーローはピッチャーになってしまうから、世間から評価されることもあまりない。

動きはハード、そして誰よりも考えて野球をしなければならない。**キャッチャーは本当に一番大変なポジションだが、私はそこにとてつもないやりがいを感じていた。**「自分が指揮者となり、ゲームを支配できるのだから最高じゃないか」と。ハードなポジションであるがゆえ、守備と打撃を両立させることがなかなか難しい。そんな中、人気のないパ・リーグでなぜ私が注目されていたかと言えば、打撃力があったからである。私がそれまでの「キャッチャーは打てなくて当たり前」という球界の概念を覆したと自負している。

だが、私の現役時代、キャッチャーは「守備の人」という認識だった。

私が現役の頃は「名捕手」と呼ばれるタイプの選手が結構存在した。大阪タイガースや毎日オリオンズなどでプレーした私より少し先輩の土井垣武《どいがきたけし》さんや、V9時代の読売ジャイアンツを支えた森昌彦（祇晶）などは当時を代表する名捕手だ。

だが、近頃のプロ野球を見ていると、どうも名捕手と呼ばれるタイプの選手がかつてよりも少なくなったように感じる。実はこのような「名捕手不在」の状況になる気配を、私はヤクルトで監督になる以前から感じていた。

ヤクルトで1990年から監督を務める直前、私は港東ムースという少年野球の監督をしていた時期があるのは先述した通りだ。

この時、私は2年ほど監督を務めたが、子どもたちに野球を教えることの難しさを痛感した。そして、実際に子どもたちと触れ合う中で、「この先、何年かしたらキャッチャー人材難の時代が来るかもしれない」と感じた。なぜなら、キャッチャーをやりたがらない子どもがとても多かったからである。

野手をやっている選手を見て「こいつは肩もいいし、頭もキレるからキャッチャーをやらせてみよう」と思っても、みんな「キャッチャーは嫌です」と言う。理由を問うと「立ったり座ったり、しんどいから」と平気で答えるから、プロの世界も「数年後には名捕手不在の時代が来てしまうぞ」と危機感を抱いたのだ。

当時、ヤクルトの古田敦也のようなスタープレーヤーがいれば、状況はまた違ったのかもしれない。そうした意味では、当時のプロ野球界が名捕手不在からちょっとずつ変わっていく過渡期にあったとも言える。

名捕手不在の時代＝プロ野球界の衰退につながると、私は思う。それを避けるためには、何よりもプロ野球界に捕手のスタープレーヤーが必要である。ジャイアンツの阿部慎之助が引退してしまった今、誰が次の「名捕手」と呼ばれる存在になるのか？

その先頭に立っているのが福岡ソフトバンクホークスの甲斐拓也と言えるが、「名捕手」と呼ぶにはまだちょっと早い。彼は２０２０年シーズンから私が現役時代につけていた背番号「19」番をつけるという。彼にはもっともっと研鑽《けんさん》を積んでもらい、誰もが認める「名捕手」に、そして「19番と言えば甲斐」と呼ばれる存在になってもらいたい。

名捕手不在の時代。
球界の凋落を避けるには、何よりも
捕手のスタープレーヤーが必要である

日本の野球のレベルアップには「真のワールドシリーズ」が必要

何事もそうだが、強いレベルの相手と戦わなければ自身のレベルは上がっていかない。

1995年に野茂英雄がロサンゼルス・ドジャースとマイナー契約を結んで以降、日本プロ野球界を代表するピッチャーやバッターたちが海を越え、メジャーリーグに移籍していった。

最近では2017年に二刀流の大谷翔平がロサンゼルス・エンゼルスに移籍して大きな話題となった他、2019年には横浜DeNAベイスターズの筒香嘉智《つつごうよしとも》がタンパベイ・レイズへ、埼玉西武ライオンズの秋山翔吾がシンシナティ・レッズへ、それぞれポスティングシステムを使って移籍した。

近年相次ぐスター選手のメジャーリーグへの流出に、私はある種の危機感を抱いている。このまま子どもたちの憧れのスター選手が次から次へとメジャーリーグに流出し続けたら、日本の野球は間違いなく衰退していくからだ。


私は昔から「エースと四番は作れない」と言っている。150キロを超える剛球を投げる素質も、ホームラン王を争うような長打力も、その選手が持って生まれた天賦《てんぷ》の才と言える。そんな華のあるプレーでファンを魅了する「スター選手」たちの存在は、野球の神様からの恵みとしか言いようがない。そんな貴重な存在を、今のプロ野球界は手をこまねいて、次々とメジャーリーグに手放してしまっている。これではまるで、日本プロ野球はメジャーリーグの下部組織（マイナーリーグ）だ。

韓国プロ野球には、アマチュア選手の海外流出を防止するための規約がある。韓国球団のドラフト指名を拒否して海外球団と契約した選手に対し、その後、海外球団から解雇されたとしても、韓国プロ球団とは2年間契約できないようになっている。日本もそのようなシステムを一刻も早く作るべきだ。

さらに言えば、私はメジャーリーグの優勝決定戦が「ワールドシリーズ」と呼ばれていること自体が腹立たしい。真の「ワールドシリーズ」はアメリカのみならず、中南米、アジアなどの代表によって競われるのが本当の姿であって、今のメジャーリーグの「ワールドシリーズ」は「USAシリーズ」と呼ぶほうがふさわしい。

近年、各国代表チームが競い合う「WBC（ワールド・ベースボール・クラシック）」が4年ごとに開催されているが、あの大会にはアメリカの一流選手はほとんど出場していない。

だからまずは、真の意味でのクラブチーム世界一を争う「ワールドシリーズ」を開催し、世界の野球を盛り上げてほしいと思う。

野球は、弱くてもちょっと頭を使えば「強者を倒せる」スポーツである。メジャーリーグのチャンピオンが圧倒的に強いとしても、日本のチャンピオンが拮抗した戦いに持ち込む方法はいくらでもあるはずだ。相手チームを研究し、戦略を練り、力で勝る相手を倒す。これこそが野球の最大の魅力であり、野球ファンが見たい戦いなのだ。日本球界のレベルアップのためにも、真のワールドシリーズの開催を、私は強く願っている。

ＷＢＣにはメジャーの一流選手はほとんど出場していない。クラブチーム世界一を争う「真のワールドシリーズ」を開催し、世界の野球を盛り上げてほしい

おわりに

「上達法」についてを解説してきたが、とどのつまり、上達するには結果を気にせず「正しい努力」を続けていく他ないだろう。

「正しい努力」を続け、精進していけば、不思議なものでその努力や成長を評価してくれる人が周囲に現れる。だから私は、「見てくれている人は必ずいる」と信じて自分の道を突き進んできた。

偉い人にゴマをすることもできず、誰にでも言いたいことを言ってしまう処世術など皆無の私がここまでやってこられたのは、決してブレることなく、上達するための階段を一段一段、地道に上り続けてきたからである。

「見てくれている人は必ずいる」

それを実感したのは現役引退後、野球の評論家となって9年が経とうとしている時だった。

45歳で現役を引退し、私はそれから「日本一の野球評論家になる」と決め、「ここからが人生の後半戦のスタートだ」とあらためて己を磨きつつ、野球界を広い視野で観察し続けた。

南海ホークスではプレイングマネージャーを務めていたが、現役を引退した後は、「俺はもう監督にはなれないな」と思っていた。これは謙遜でもあきらめでもなく、当時のプロ野球界の監督人事は御多分に漏れず「学歴偏重」であり、読売ジャイアンツの川上哲治監督以外はみな大卒の監督だった。そんなわけで、私も第二の人生は野球評論家を極めようと思ったのだ。

本書で詳述したが、この頃の私は人生の師と言える草柳大蔵さんと出会い、「よい本をたくさん読み、世の原理原則を知り、その上で野球を語りなさい」と教示を受け、その教えに則ってさらなる人生勉強の研鑽を積んだ。

そして引退から9年後、「見てくれている人は必ずいる」を実感する出来事が起こった。我が家に約束もなく突然訪れたヤクルトスワローズの相馬和夫球団社長から、「野村さんの評論や解説に感銘を受けた。あなたほど野球を知っている人はいない。スワローズの監督となり、うちの選手たちに本当の野球を教えてやってください」と懇願されたのだ。

上達、成長するための努力を惜しまずに続けていると、不思議と縁や運にも恵まれていくものである。

そのおかげで、処世術のない世わたり下手な私でも、とてもいい人生を送ってくることができた。

本書で得たヒントをもとに、上達のための努力をはじめてみてほしい。その結果、みなさんの人生がよりよいものへと変化していけば、これほどうれしいことはない。

野村克也

野球《しごと》に学び
野球《しごと》を楽しむ

野球評論家

本書は２０１９年10月、11月にかけて行なわれた語り下ろしによるものです。
これまでのご功績に敬意を表し、全社一同、心よりご冥福をお祈りいたします。

野 村 克 也（のむら　かつや）

1935年京都府生まれ。京都府立峰山高校卒業。54年、テスト生として南海ホークス（現福岡ソフトバンクホークス）に入団。3年目でレギュラーに定着すると、以降、球界を代表する捕手として活躍。70年には南海ホークスの選手兼任監督に就任し、73年にパ・リーグ優勝を果たす。78年、選手としてロッテオリオンズ（現千葉ロッテマリーンズ）に移籍。79年、西武ライオンズに移籍、翌80年に45歳で現役引退。27年間の現役生活では、三冠王1回、MVP5回、本塁打王9回、打点王7回、首位打者1回、ベストナイン19回と輝かしい成績を残した。三冠王は戦後初、さらに通算657本塁打は歴代2位の記録である。90年、ヤクルトスワローズの監督に就任。低迷していたチームを立て直し、98年までの在任期間中に4回のリーグ優勝（日本シリーズ優勝3回）を果たす。99年〜2001年、阪神タイガース監督。06年〜09年、東北楽天ゴールデンイーグルス監督。著書に『野村メモ』（日本実業出版社）、『野村ノート』『エースの品格　一流と二流の違いとは』（以上、小学館）、『野村の流儀』（ぴあ）、『野村再生工場　叱り方、褒め方、教え方』（角川書店）、『なぜか結果を出す人の理由』（集英社）など。

上達《じょうたつ》の技法《ぎほう》

2020年 6 月 1 日　初版発行

著　者　野村克也 ©K.Nomura 2020
発行者　杉本淳一

発行所　株式会社日本実業出版社　東京都新宿区市谷本村町3-29　〒162-0845
大阪市北区西天満 6－8－1　〒530-0047
編集部　☎03-3268-5651
営業部　☎03-3268-5161　振　替　00170-1-25349
https://www.njg.co.jp/

印 刷／壮 光 舎　　製 本／若林製本

この本の内容についてのお問合せは、書面かFAX（03－3268－0832）にてお願い致します。
落丁・乱丁本は、送料小社負担にて、お取り替え致します。

ISBN 978-4-534-05788-4　Printed in JAPAN

日本実業出版社の本

野村メモ

野村克也 著
定価本体1400円(税別)

ノムラ野球の兵法をまとめ大ヒット作となった『野村ノート』。そのノートは50年にわたる球界生活の「伝説のメモ」がもとになっていた。メモ魔の知将野村克也による「気づき」を「実行」に昇華させる技術。

運を加速させる習慣

矢澤亜希子 著
定価本体1400円(税別)

世界で競技人口3億人のボードゲーム「バックギャモン」で、アジア人女性として初めて、世界チャンピオンを獲得! 人気テレビ番組に出演して話題沸騰の著者がはじめて明かす「運の創り方」。

「自然体」がいちばん強い

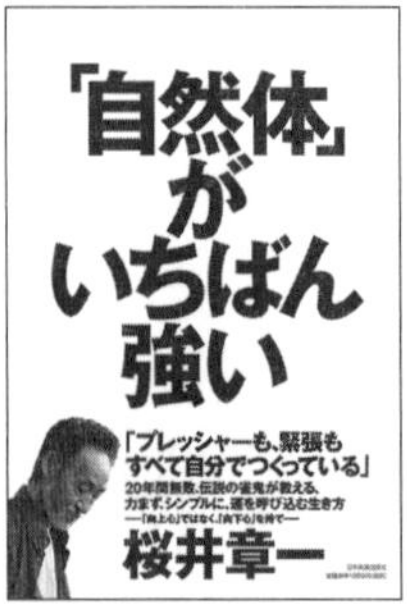

桜井章一 著
定価本体1380円(税別)

麻雀の裏プロの世界で20年間無敗の伝説を持つ「雀鬼」が「自然体」になれるコツを伝授。独特の語録を通し、力まず、シンプルに、そして運をも呼び寄せる生き方を語る。

定価変更の場合はご了承ください。